DO FUNDO DO MAR AO TOPO DAS MONTANHAS

Gabriel Ganme
por Sérgio Xavier

DO FUNDO
DO MAR
AO TOPO DAS
MONTANHAS

Labrador

© Gabriel Ganme, 2024
Todos os direitos desta edição reservados à Editora Labrador.

Coordenação editorial Pamela J. Oliveira
Assistência editorial Leticia Oliveira, Jaqueline Corrêa
Projeto gráfico Marina Fodra
Diagramação Heloisa D'Auria, Amanda Chagas
Preparação de texto Amanda Gomes
Revisão Eloiza Mendes Lopes
Imagens de miolo Acervo do autor
Capa Antonio Kehl
Fotos de capa Leandro Bolina Nascimento, Luis Fernando Kass Mwosa

Dados Internacionais de Catalogação na Publicação (CIP)
Jéssica de Oliveira Molinari - CRB-8/9852

Ganme, Gabriel

    Do fundo do mar ao topo das montanhas / Gabriel Ganme, Sérgio Xavier.
    São Paulo : Labrador, 2024.
    240 p.

    ISBN 978-65-5625-585-9

    1. Ganme, Gabriel – Biografia 2. Mergulhos e explorações submarinas 3. Esportes aquáticos I. Título II. Xavier, Sérgio

24-1543   CDD 920.71

Índice para catálogo sistemático:
1. Ganme, Gabriel – Biografia

Labrador

Diretor-geral Daniel Pinsky
Rua Dr. José Elias, 520, sala 1
Alto da Lapa | 05083-030 | São Paulo | SP
contato@editoralabrador.com.br | (11) 3641-7446
editoralabrador.com.br

A reprodução de qualquer parte desta obra é ilegal e configura uma apropriação indevida dos direitos intelectuais e patrimoniais do autor. A editora não é responsável pelo conteúdo deste livro. O autor conhece os fatos narrados, pelos quais é responsável, assim como se responsabiliza pelos juízos emitidos.

> A MORTE É O AVISO SÁBIO DA NATUREZA PARA SE VIVER INTENSAMENTE.
>
> Goethe

SUMÁRIO

PREFÁCIO ———————————— 9
POR RENATA MARANHÃO

INTRODUÇÃO ———————————— 15

1. O *"BEACH BUM"* ———————————— 18

2. AS CAVERNAS ———————————— 26

3. OS TUBARÕES ———————————— 44

4. O HOMEM DE TITÂNIO ———————————— 64

5. O DOUTOR CORRIDA ———————————— 74

6. AS MONTANHAS ———————————— 94

7. O CORAÇÃO VALENTE ———————————— 108

8. A QUEDA ———————————— 128

9. O CRUCE ———————————— 138

APÊNDICE ──────────── 160

A ESCOLHA ──────────── 161

O DIABÉTICO DA PERFORMANCE ──────── 172

O TRANSPLANTADO ──────────── 183

**AS PRÓTESES: OITO QUESTÕES FUNDAMENTAIS
SOBRE DOR NO QUADRIL** ──────── 201
POR GUILHERME BUCALEM E MARCELO CAVALHEIRO

A HISTÓRIA DA HISTÓRIA ──────── 211
POR SÉRGIO XAVIER

PREFÁCIO

ERA 2010 E CAÍ DE "PARAQUEDAS" em uma expedição de mergulho com tubarão-tigre, sem gaiola, na África do Sul. Era mergulhadora PADI há mais de vinte anos e achava que estava apta para o desafio. O espaço de uma década do último mergulho não me pareceu um problema e embarquei rumo aos tubarões. Mesmo com o equipamento revisado, foi uma viagem com muitos perrengues embaixo d'água. Não conseguia controlar a flutuabilidade e caí em uma água cheia de tubarões sem me lembrar do básico no mergulho, como tirar a água da máscara. Lá no fundo, sem enxergar um palmo na frente do nariz, senti que alguém me cutucava para chamar minha atenção. Era Gabriel Ganme, o líder dessa expedição, que direcionava em mímica o que eu devia fazer. Objetivo alcançado com sucesso e lá "voava" ele na direção dos tubarões, seguido pelo restante do grupo.

Depois de alguns dias, minha parceira de mergulho observou que o que atrapalhava a minha flutuabilidade era meu colete com defeito e, depois da troca, consegui uns dias sem perrengue, mas aqueles dias iniciais de má flutuabilidade e mudanças bruscas de pressão atmosférica tiveram seu preço: uma dor no ouvido que atrapalhava a minha audição e o próprio mergulho. Por sorte, o líder dessa expedição era também médico e observou uma otite média nos meus tímpanos e me medicou, recomendando a suspensão do mergulho. Mas assistir ao frenesi do grupo da expedição ao narrar a aproximação cada vez maior da estrela da viagem, o tubarão-tigre, me fez querer passar por cima da recomendação e voltar a mergulhar. Novamente, por sorte, dr. Gabriel me alertou sem papas na língua: "Você pode estourar o tímpano, perder a audição e, ainda, perder a voz!", algo inconcebível para mim, que, naquele momento, vivia disso — era apresentadora do jornal da meia-noite de uma emissora de televisão. Também escrevia para algumas revistas e busquei mais informações e imagens de tubarões com o Gabriel, que, apesar de pouco citado no livro que você está prestes a ler, entre tantas coisas, é um exímio fotógrafo e cinegrafista-sub. Ali ele percebeu a jornalista que não queria nada em troca, além de imagens e informação. Eu, por outro lado, percebi o fascínio que os tubarões me causavam e já contratava novas expedições. Gabriel aceitava com a condição de eu me preparar para elas. Então dono de uma escola de mergulho, me direcionou para cursos que me deixariam apta para embarcar. E ainda recomendou que um dos professores ficasse atento nas minhas primeiras descidas em Galápagos, para ver se estava tudo bem, afinal, lá não é um destino para iniciantes.

O que eu conto é um resumo do que Gabriel Ganme viu por aí no decorrer de sua vida: pessoas despreparadas para se aventurar em esportes que podem se tornar perigosos ou letais. Muitas pessoas, como eu, tiveram a sorte de tê-lo por perto, impedindo que uma aventura acabasse mal. Esse cenário, somado ao amor pelo esporte, o motivou a se especializar cada vez mais, seja no esporte a que se dedica no momento, ou na medicina relacionada a este esporte. Muito conhecimento, no entanto, o impede de "falar com rodeios" e surgem questionamentos de procedimentos médicos, do próprio sistema do turismo de esporte de aventura e, aos alunos e pacientes, verdades são ditas em relação à saúde com o cuidado que consegue ter.

Em *Do fundo do mar ao topo das montanhas* você encontrará um ser humano íntegro, fiel aos seus princípios e sonhos. Inquieto, questionador, aventureiro, apaixonado. Apaixonado pelo que faz, seja no trabalho ou no esporte, apaixonado pela família, apaixonado pela natureza. Muitas de suas aventuras de início da vida tiveram suas consequências na saúde pessoal, o que, em vez de empecilho, foram vetores para aprimoramentos.

O fato é que Gabriel vive o que prega em seu consultório e conhece como ninguém todas as mudanças que acontecem no corpo humano quando submetido às diferentes pressões atmosféricas, seja no fundo do mar ou no topo das montanhas.

Renata Maranhão,
jornalista e amiga

INTRODUÇÃO

ESTAVA PERDIDO. Não conseguia escrever. Tinha um zilhão de ideias e mensagens da minha vida esportiva e de decisões profissionais e pessoais que queria passar. Mas travava tudo.

Falando com o amigo Daniel Pinsky, editor do meu livro *Sobre homens e tubarões*, expliquei meu bloqueio e as ideias do livro. Daniel veio então com a sugestão: "Converse com o Sérgio. Além de jornalista e escritor, é um esportista raiz. E de repente pode comprar seu peixe...".

Conversamos um bocado. Conversas longas, gravadas, mas também mensagens curtinhas de WhatsApp, com lembranças que surgiam a toda hora. E assim amadureceu o livro. Brigamos muito pelo título. A princípio, seria "Um manquito na montanha". Em um primeiro momento, achei que o livro caminharia mais pelas trilhas, mas logo me convenci de que a história era mais complexa. Mergulhos, cavernas, tubarões, tênis, esqui, dores, próteses, família. O assunto era mais amplo. À medida que Sérgio ouvia minha narrativa, ficava claro que eu vinha do fundo do mar e buscava o topo das montanhas. A capa precisava ser fiel a tudo isso.

Decidimos incluir no final histórias inspiradoras que estão, de certa forma, também conectadas com o que descrevemos. Espero que o leitor possa curtir essas experiências, as minhas e de outros atletas que impressionam e inspiram.

E é preciso fazer alguns agradecimentos. Ao meu pai, Anis, que nos deixou, meu exemplo. À minha filha, Luiza, minha inspiração.

Aos amigos, pacientes e companheiros de mergulhos, quadras e trilhas. Sem o apoio de vocês, o livro não passaria de uma ideia.

Agradecimento especial ao Emerson Bisan, à família Caputo e ao Luis Carlos, pelas histórias de dedicação, desafios e resiliência.

Aos amigos e colegas médicos Guilherme Bucalem, Marcelo Cavalheiro e Érica Ferreira Alves, pelo apoio e conhecimento.

Ao Ramon Costa, que me descreveu com a frase que virou o título do livro.

E, claro, aos apoiadores e patrocinadores que viabilizaram o projeto. De coração.

Gabriel Ganme
São Paulo, 2024

0 "BEACH BUM"

FOI UMA CONVERSA DOLORIDA. Gabriel não deu voltas e foi direto ao ponto. "Pai, eu quero ser mergulhador." Não se tratava de uma criança que expressava o sonho pueril de ser bombeiro ou astronauta. Era papo reto e indicava uma guinada de vida. Naquela mesa, estavam em jogo expectativas profissionais e relações familiares. Anis Ganme via o filho Gabriel como seu sucessor na direção do Hospital 9 de Julho em São Paulo. O hospital era mais do que um negócio, era a razão de viver dos Ganme. A família de imigrantes libaneses que chegou em Araçatuba, norte do estado de São Paulo, começou pela agricultura e adquiriu uma fazenda. Os filhos, porém, enveredaram para a medicina, e os Ganme compraram por quinhentas sacas de café um pequeno hospital na capital, nas proximidades da avenida Paulista. Anis e os irmãos, Antonio e João, multiplicaram os 34 leitos do pequeno hospital, transformando-o num complexo hospitalar de trezentos leitos e tecnologia de ponta. Gabriel foi incentivado desde cedo a estudar medicina e acabou aceitando o destino familiar-profissional de se tornar pediatra.

O roteiro começou a desandar no verão de 1985, quando viajou ao litoral catarinense para surfar com o amigo Niels Celeghin. O mar de Piçarras, que já não era dos mais agitados, estava especialmente calmo e limpo. O jeito foi se entreter com a máscara e o snorkel disponíveis na casa do amigo. E aí foi deslumbramento à primeira vista. Observar e chegar tão perto de peixes era bem mais interessante que tomar caldo das ondas.

Na volta a São Paulo, Gabriel já tratou de comprar nadadeiras e um arpão para experimentar a pesca submarina. Antes de submergir, tentava capturar freneticamente todo o ar possível para permanecer mais tempo no fundo do mar de Ilhabela ou de qualquer outro ponto de mergulho. Depois, tentava matar alguns peixes para comer, com uma taxa baixíssima de sucesso... O jovem estudante se sentia um expert do mergulho, até tomar um revés numa aula da faculdade de medicina. O professor de pediatria explicava o processo respiratório no parto. No momento do corte do cordão umbilical, o gás carbônico sobe para acionar o centro respiratório da criança, que começa a respirar de forma autônoma.

O professor começou a explicar a "fisiologia do apagamento" e perguntou se havia algum mergulhador na sala. Gabriel levantou a mão. O professor questionou então se o aluno tentava, antes de submergir, buscar mais ar em respiradas curtas e rápidas. Todo orgulhoso, Gabriel tascou um "claro" para escutar depois a explicação técnica. Ao fazer isso, o mergulhador não conseguia absorver muito mais oxigênio, porque as células do corpo humano já estavam abarrotadas do elemento vital. Em contrapartida, baixava o nível de gás carbônico e elevava um bocado o risco de um apagamento no fundo do mar e a consequente morte. O Brasil tomou conhecimento do tal "apagamento em águas rasas" em novembro de 1981 com a morte do treinador do Flamengo e da seleção brasileira, Cláudio Coutinho, nas ilhas Cagarras, pertinho da praia de Ipanema. Coutinho fazia pesca submarina em apneia e usava a técnica das respiradas curtas e rápidas antes de submergir. Como a dele, muitas vidas são ceifadas nesse tipo de mergulho todos os anos.

Menos pelos risinhos dos colegas e mais pelo instinto de sobrevivência, o jovem aluno resolveu dar um jeito na vida. Iria rapidamente procurar um curso de mergulho autônomo para seguir no fundo do mar sem tantos riscos. Bateu na porta da Aquamundo para conhecer normas de segurança, cilindros, ir mais fundo no hobby. De cara, um embate filosófico. César Nieto, dono da escola, mostrava-se radicalmente contra a pesca submarina. Era o homem, munido de arpão, pronto para o ataque, contra o peixe indefeso. Aquilo não era esporte, apenas covardia. A primeira sensação foi de desconforto, o professor estraga-prazeres queria acabar com a brincadeira. Aos poucos, entendeu a lógica e passou a ter mais prazer com a simples observação do fundo do mar.

A alegria das aulas não podia ser compartilhada em casa. O pai, que já odiava a pesca submarina por achá-la perigosa, jamais apoiaria o curso de mergulho autônomo. Muito menos financiaria o que, para ele, seria uma inconsequência de um filho que deveria estar mais preocupado com o curso de medicina. Gabriel evitou o conflito. Para pagar o curso, passou a dar aulas de tênis, não no Monte Líbano, o clube do qual a família era sócia na região sul de São Paulo, mas na quadra de uma academia particular. Chegava e saía de casa com o equipamento individual de mergulho camuflado na sacoleira de tênis , sem deixar suspeitas...

Antes da fascinação pelo mergulho, era o tênis a paixão de Gabriel. Queria ser um Björn Borg, Rod Laver ou Arthur Ashe. O que tinha de habilidade na mão faltava na inteligência emocional. A profissionalização no esporte não passava de um sonho remoto. Na adolescência, oscilava entre a quinta e a quarta classe do clube, entregava jogos quase ganhos por ansiedade, sobretudo quando percebia o pai assistindo ao confronto. Não por acaso, quando entrou na faculdade e tirou a pressão esportiva da cabeça, saltou para a terceira classe. Estava jogando realmente melhor. E, com os fundamentos que tinha, podia dar umas aulinhas e pagar o curso de mergulho.

O curso da Aquamundo tinha suas inconsistências. Gabriel estava se tornando mergulhador e monitor de mergulho, tudo ao mesmo tempo. A velocidade a jato do aprendizado podia ser exagerada, mas aquilo não parecia um problema para Gabriel. Pelo contrário. As viagens ao litoral foram se intensificando, ele se sentia cada vez mais feliz e confiante no fundo do mar. O pai, claro, acabou descobrindo o mergulho e relevava porque o curso de medicina e a residência em pediatria estavam andando. Na realidade, nem andavam tão bem assim. Gabriel estava empurrando a medicina do jeito que dava, o olho brilhava mesmo era quando partia para uma aventura marítima.

E foi numa dessas viagens de férias para Bonaire, nas Antilhas Holandesas, que percebeu que aquilo, bem mais do que um hobby, podia ser uma profissão. Antes de voltar ao Brasil, passou pela Flórida para comprar um cilindro de ar comprimido. Ali farejou também o jeito de começar um negócio. O cilindro custava cem dólares, e poderia revender o equipamento no Brasil pelo equivalente a quinhentos dólares na moeda brasileira da época. Viajantes brasileiros podiam entrar com compras do exterior de até quinhentos dólares, estava dentro da cota permitida. Em tese, poderia entrar legalmente no país com até cinco cilindros a cada viagem e obter um lucro equivalente a 2 mil dólares, até porque havia um mercado ávido para comprar bons equipamentos.

Só que em Bonaire não foi apenas a transparência do mar do Caribe que mexeu com Gabriel. Tudo ficou mais claro. Ele enxergou um negócio. Mais do que isso, vislumbrou uma guinada na própria vida. Antes da guinada, porém, era preciso sinalizar o que pretendia fazer dali para a frente. Sabia que a conversa com o pai era fundamental, intuía que não seria nada fácil. E não foi. "Pai, eu quero ser instrutor de mergulho, não estou feliz com a medicina. Você mesmo me disse quando eu estava me formando e meus tios disseram que esperavam muito de mim no hospital, que eu deveria ser feliz. A medicina e a pediatria não estão me fazendo feliz, quero tentar uma nova formação."

Após um longo silêncio, uma lágrima escorreu no rosto daquele velho médico, um homem que raramente expressava sentimentos. Depois Anis falou, com uma aspereza que também não era dele. Disse que não esperava um filho virando um *beach bum*, ou um vagabundo de praia. A expressão nunca foi esquecida, incomodou na hora, mas o que doeu mais em Gabriel naquela noite foi a lágrima furtiva. Expressava melhor a decepção e determinaria muita coisa a partir dali.

2

AS CAVERNAS

UM TELEFONEMA, NAQUELA HORA DA NOITE, NÃO PODIA SER BOA COISA. Era o feriado de Finados, novembro de 2000. Gabriel estava no Recife com um pequeno grupo de mergulhadores. Após um dia de mergulhos nos naufrágios locais, num mar batido que fez boa parte do grupo "estripar o mico", devolvendo a comida ao belo azul-turquesa daquelas águas, Gabriel tomava seu banho no hotel. Estranhou a insistência de seu amigo e companheiro de quarto, Fernando Crespi. Ele avisava de uma ligação urgente que realmente não podia esperar. Elias, do outro lado da linha, foi direto ao ponto, sem rodeios. "Meu filho não saiu da caverna. Gabriel, vai buscar o Gustavo." O pedido sugeria mais do que estava sendo dito. Tanto um quanto o outro sabiam o significado daquela frase. O "não sair da caverna" era sinônimo de morte, Elias estava pedindo que o corpo sem vida do filho fosse resgatado.

Gustavo havia sido aluno de Gabriel, fez o pacote todo de cursos, tinha virado inclusive instrutor de mergulho. Mas sua paixão era mesmo o espeleomergulho, uma atividade tão fascinante quanto perigosa. Gustavo, um mergulhador talentoso e ousado na mesma medida, tinha entrado na manhã daquele dia em uma caverna em Bonito, no Mato Grosso do Sul. O mergulho já era de risco, estavam explorando um lugar com 130 metros de profundidade. Mergulhos tão profundos exigem uma série de cuidados. Descida e subida precisam ser escalonadas pela diferença de pressão, um retorno muito rápido pode provocar embolia pulmonar e até a morte do mergulhador. A própria composição do gás usado no cilindro precisa ser modificada quando se ultrapassa a profundidade de 40 metros.

No cilindro convencional, há uma mistura de nitrogênio e oxigênio. À medida que a pressão aumenta, o nitrogênio se espalha pelo corpo e pode provocar uma espécie de embriaguez, com perda de sentidos. A saída para evitar a "embriaguez" é utilizar em profundidades maiores uma mistura com gás hélio. Os riscos dos mergulhos profundos são potencializados nas cavernas pela arquitetura labiríntica dos lugares. Entradas estreitas, escuridão, dificuldade de navegação e a imposição do risco zero. Um erro bobo de caminho pode ser a pena de morte quando se está nessas condições. Gustavo, mal influenciado por alguns mergulhadores americanos que estiveram no Brasil pouco tempo antes, havia decidido testar os limites da profundidade com ar. E foi vitimado pela "embriaguez das profundezas".

A operação de resgate foi deflagrada de imediato. Gabriel embarcou para São Paulo com outros três espeleomergulhadores amigos para a missão. De lá, o quarteto foi de avião até Mato Grosso do Sul e de carro para Bonito. Mapearam o trajeto de Gustavo com a ajuda de mergulhadores locais, como Ismael Escote, e imaginaram que seu corpo estaria quase 130 metros abaixo. Assim que o encontrassem, planejariam a subida. Cada um levaria o corpo por algumas dezenas de metros, para evitar os efeitos da subida rápida. O primeiro mergulhador, Afonso Pinheiro Jr., o levou ao ponto dos 80 metros; um segundo, Robert Kover Jr., até 60 metros. Gabriel se encarregou de levá-lo aos 30 metros, até que o corpo finalmente fosse resgatado para a superfície, sob os olhos cheios de lágrimas de Luis Augusto Pedro, o Luisão.

O episódio foi um divisor de águas na vida de Gabriel. Aquilo, que outrora dera tanto prazer, não fazia mais sentido. Não o mergulho em si, mas as cavernas; fascinantes e misteriosas, sim, só que extremamente perigosas. Relembrou tudo que tinha passado até se tornar um respeitado instrutor de mergulho. Voltou e fez uma retrospectiva de sua trajetória...

Antes mesmo de anunciar ao pai que estava largando a medicina, Gabriel começou a se preparar para a nova profissão. Era evidente que o curso que fazia na Aquamundo era insuficiente para uma formação sólida. O sinal veio em um fim de semana, quando foi parar com mais 20 alunos em uma ilha na região de Angra dos Reis, tal qual Robinson Crusoé. O dono da Aquamundo tinha desenvolvido um método um tanto rústico para desenvolver habilidades nos aprendizes. Basicamente a turma era largada à própria sorte numa pequena ilha deserta com algumas ferramentas, sem água nem comida. Sem ter como escalar um coqueiro para buscar a hidratação do coco, alguns tiveram a infame ideia de... derrubar a árvore. Nisso apareceu um capataz da ilha (sim, ela tinha dono) com uma carabina para expulsar os invasores. Foi a senha para Gabriel perceber que precisava buscar conhecimento fora do país.

Em uma viagem para Cozumel, descobriu um curso de guia de mergulho de uma tal PADI. A Associação Profissional de Instrutores de Mergulho era a instituição de mergulho mais respeitada no mundo, seus certificados valiam em mais de 150 países. O curso de guia era ótimo, mas ele precisava mesmo era do curso de instrutor, e aí só nos Estados Unidos. Juntou o dinheiro arrecadado na compra e venda de cilindros de ar e partiu para a Flórida. Só havia um problema: o inglês de Gabriel se enquadrava na categoria "sofrível". Nunca tinha estudado a língua a valer, a não ser durante um ano no Colégio Bandeirantes. Sabia os termos médicos dos livros, entendia razoavelmente o que estava sendo dito, mas não conseguia se expressar. Ia precisar se virar na raça mesmo.

Durante o curso, se hospedou em muquifos de diárias de doze dólares. Também não tinha bala para três refeições diárias, tempo de emagrecer. Pedir dinheiro ao pai estava fora de questão. Anis não sabia desses planos profissionais e odiava a ideia do filho se arriscando em mergulhos. Mas lá estava Gabriel, e sua sofrida estada na Flórida ainda se transformaria em martírio nos exames finais. A última prova era na piscina. Os instrutores simulavam alguma emergência na água e avaliavam a solução encontrada pelo aluno. Gabriel foi bem na prática, resolveu o problema, mas e para explicar em inglês no briefing o que tinha acontecido? Foi reprovado e precisou de uma segunda época. A salvação veio de um americano filho de mexicanos que foi solidário e o ajudou treinando as falas meia hora antes do teste. Deu certo, passou. Não havia instrutores de mergulho no Brasil com esse aval internacional. Com o certificado PADI na mão, o jogo mudava. Quer dizer, Gabriel *achava* que o jogo estava mudando...

Assim que comunicou ao pai que não iria mesmo exercer a medicina, Gabriel começou sua carreira solo. A relação familiar, que sempre tinha sido ótima, esfriou para valer. Pai e filho costumavam almoçar juntos no Hospital 9 de Julho, encontro que sumiu da agenda. Em casa, o contato nas refeições passou a ser bissexto. A decepção do médico pai ao ver o recém-formado filho sequer tentar exercer a profissão azedava tudo.

Gabriel queria montar sua escola de mergulho e conseguiu dois parceiros, na verdade, dois amigos. Marcelo Ribeiro e Niels Celeghin, aquele mesmo colega nerd de escola que o introduziu no mergulho em Santa Catarina anos antes. Niels não dispunha de recursos para investir, mas tinha um carro, um vistoso Escort. Gabriel sacrificou também seu Chevettinho prateado, e fundaram assim a Dive Paradise. Apareceram alunos, eles organizaram mergulhos no litoral, mas a nova empresa rapidamente começou a fazer água. O que sobrava em entusiasmo faltava em experiência comercial. A Dive Paradise estava encaminhada para um iminente naufrágio.

De novo, uma mão inesperada apareceu do nada. Se no dia do exame final do curso foi um americano-mexicano que surgiu, dessa vez a ajuda veio de alguém influente no mercado. Cláudio Guardabassi era sócio do Projeto Acqua, uma espécie de complexo esportivo na Vila Olímpia, que trabalhava com natação, ciclismo e corrida. Além disso, Claudião, como era chamado pelos colegas, já era uma espécie de pai do mergulho no Brasil. Desbravou o mercado e tinha especial apreço por um mergulho técnico e seguro. Sabia exatamente o valor da formação internacional de Gabriel, seria bom tê-lo por perto, na piscina do complexo. Viraram sócios no instante que a Dive Paradise engrossava a estatística das pequenas empresas brasileiras que desaparecem antes de completarem dois anos de vida.

Sem as demandas administrativas, Gabriel conseguiu se concentrar naquilo que realmente gostava e sabia fazer: mergulhar e orientar aprendizes. Começava a montar os primeiros cursos de instrutor de mergulho com o cobiçado selo da PADI. Isso, sim, valia ouro em um país sem formação técnica especializada como o Brasil. Convidou o já amigo Claudião a criarem uma empresa específica de cursos de mergulho, a Diving College. Só que o Projeto Acqua ia bem e exigia atenção integral de Guardabassi. Gabriel, mais uma vez, partia em carreira solo.

A diferença é que, dessa vez, mergulhava em ambiente controlado e tinha fôlego para muito tempo. Não contava com uma grande infraestrutura de gestão e oferecia cursos para um mercado faminto de conhecimento. Montava grupos de vinte candidatos a instrutor e chegava a formar até três turmas em um mesmo ano. Argentinos começaram a desembarcar no Brasil, Gabriel formou grupos no Rio, não faltava trabalho. Perto de 5 mil novos mergulhadores submergiram sob o selo da Diving College entre o início dos anos 1990 e os primeiros anos do novo milênio.

Em meio aos cursos, as viagens. Muitas. Cozumel, Bonaire, Indonésia, o passaporte de Gabriel não aguentava tanto carimbo. Só para Galápagos, no Pacífico, foram perto de trinta viagens. O primeiro contato com cavernas foi em 1985, numa viagem ao norte da Flórida. Em Ginnie Springs, uma nascente de água doce encontra o Santa Fe River criando um espaço de piscinas naturais com rica vegetação e sombras. Mas era nas Devil's Springs que a turma do mergulho se divertia a valer. No sistema de cavernas, a nascente com água de alto fluxo vira uma verdadeira injeção de adrenalina. Quem não souber o que está fazendo será expelido pela força da água. A experiência não foi exatamente agradável, Gabriel batia o corpo nas pedras por causa da força da água, não conseguia relaxar. Mas se sentiu instigado, precisava dominar aquilo.

Meses depois foi levar um grupo de instrutores para Cozumel, no México. Um dos instrutores estava interessado em um curso de espeleomergulho. Bom motivo para voltar a Ginnie Springs, aí não para bater cabeça, mas para aprender. Fez os cursos básicos, os mais avançados, percebeu que o tema da segurança era central no mergulho de caverna. E foi exatamente nessa época que estava sendo descoberta a Gruta do Mimoso, em Bonito. Pronto. O Brasil passava a oferecer um dos mais fascinantes sítios de mergulho do mundo. O problema era que ninguém estava habilitado a se aventurar com segurança por ali. Gabriel era um dos poucos que já tinha os primeiros cursos. Sabia que precisava de mais e foi atrás do certificado de *full cave instructor* pela National Speleological Society, uma espécie de doutorado para os entendedores do riscado. Para isso, precisou se mudar para a Flórida, dessa vez fazendo três refeições por dia e dormindo em quartos menos mequetrefes.

Concluído o curso, passou a formar instrutores de caverna, em bem menor quantidade, devido à complexidade do treinamento. Percebeu que ali havia um bom potencial para negócios. Estava, mais do que nunca, misturando trabalho e lazer. Levava turistas para mergulhos e dava cursos específicos. Mas também realizava o sonho juvenil do aventureiro do National Geographic. Com equipamento disponível e a técnica adequada, podia "explorar" no sentido mais amplo do verbo. Nesse caso, "explorar" significava entrar em cavernas virgens e mapeá-las. Indicar entradas, saídas, rotas, fazer marcações. Obviamente uma atividade de risco similar ao do sherpa que prepara as cordas para os alpinistas no Everest. Há muitas possibilidades de algo dar errado numa caverna desconhecida. Foi o que quase aconteceu com Gabriel quando tentou achar novos caminhos no Buraco do Sapo, em Bonito. Por ser uma caverna com pouco fluxo de água, qualquer movimentação, por menor que fosse, levantava uma enorme quantidade de sedimento, tornando a navegação quase cega. No momento de sair, com a água bastante suja, gastou perto de quinze minutos afastando galhos, procurando brechas, enquanto o ar estava acabando. Saiu dali ligeiramente assustado, mas se esqueceu da sensação nas horas seguintes. Estava pronto para a próxima.

O espeleomergulho em Bonito estava apenas começando. Havia muito a ser descoberto. Um dia foi provocado por um amigo guia da região: "Gabriel, tem um lugar interessante para você conhecer, não quer dar uma olhada?". Chamar aquilo de entrada de caverna seria um exagero. Tratava-se de um olho d'água com uma entrada onde mal passava um ser humano médio.

Iria entrar sozinho, sem uma "dupla", um procedimento-padrão em mergulhos. A lógica era simples, antes só do que mal acompanhado... Em um mergulho extremamente técnico e perigoso, estar com alguém sem o mesmo preparo poderia ser ainda mais arriscado. Gabriel usaria a técnica *side mount*: com cilindros ao lado do corpo que podem ser movidos com facilidade. A redundância é fundamental no espeleomergulho, e, quando se está sozinho, se um cilindro pifar no meio da exploração, há outro reserva. Só que para vencer a boca estreita era preciso passar os cilindros primeiro, um trabalho descomunal. Aí a técnica vira *no mount*. A tortura foi pior porque Gabriel descobriu que a caverna estava desabada metros mais adiante. E para fazer o retorno em um espaço tão apertado? Ele ficou entalado e preso pelo zíper da roupa de mergulho.

Arrojado, por vezes até demais, Gabriel podia exagerar na audácia, mas tinha sangue frio e calma para sair de enrascadas sem entrar em pânico. Tinha aprendido em todos os cursos ao longo da vida que o pânico mata. Com o aumento da ansiedade, vem a hiperventilação, o ar é consumido mais rápido, as piores decisões são tomadas. Para sair da sinuca subaquática, foi necessário uma série de exercícios respiratórios para encolher o abdômen. Nesse processo, a então namorada de Gabriel, que o acompanhava percebeu que havia algo errado. Viu uma movimentação de água barrenta na saída da gruta e começou a chorar. Era evidente que o namorado estava em apuros. O martírio durou alguns minutos, mas Gabriel saiu de lá apenas com a decepção de não ter seguido adiante. Só mais maduro entendeu o tamanho do perigo e reconheceu que essa autossuficiência disfarçada de serenidade beirava a inconsequência. O nome do lugar não poderia ser mais preciso: Buraco do Cachorro Louco.

Foram anos em que encarnou a persona do explorador em busca de lugares nunca antes mergulhados. Foram várias cavernas, principalmente na região de Bonito e na República Dominicana. Chegava, buscava as informações disponíveis daquele lugar, planejava a entrada e partia. Sempre tomando o cuidado de fazer marcações na caverna que sinalizavam a direção de saída, a informação mais preciosa para qualquer espeleomergulhador. Anos após ter explorado na República Dominicana, foi contatado por um ex-aluno, o instrutor Rodrigo Bricks. Um grupo estava mergulhando numa caverna que se imaginava desconhecida quando apareceram algumas marcações nas paredes. Gabriel tinha passado por lá e até desenhado um croqui da caverna. Passado um tempo, o lugar foi batizado de Cueva de Ganme. Sim, Gabriel tinha uma caverna para chamar de sua.

Ele já estava incomodado com a experiência nas cavernas. O que começou como um imenso e prazeroso desafio de exploração se transformou num fardo, em todos os sentidos. O corpo sentia a exigência física de transportar sessenta quilos de cilindros e equipamentos por trilhas e subidas até a entrada das cavernas. Depois, na água, tudo ficava mais agradável, o colete de flutuação e a própria água aliviavam as dores do esforço. Mas chegar e sair com o peso estava gerando lesões que iriam cobrar a conta anos depois.

O outro incômodo tinha a ver com o próprio *boom* do mergulho de caverna no Brasil. Muita gente afoita entrando no mercado, muita caverna nova para ser explorada, pouca preocupação com segurança. Os acidentes e mortes se acumulavam. A perda de Gustavo foi traumática, por mais que não tivesse presenciado a tragédia em Bonito e soubesse que esse aluno desafiava mesmo a margem de segurança em tudo. Foi o próprio pai dele que se lembrou de uma viagem anterior, quando chegaram tarde em Campo Grande, perto de uma hora da madrugada. Gabriel se recusou a pegar a estrada para Bonito naquele horário. O pai recordava da história. "Meu filho adorava a adrenalina, ele escolheu viver assim", conformou-se.

Pouco depois, foi um episódio no México que decidiu tudo. Estava com um aluno no último nível do curso de caverna. A preocupação era grande, percebia seu nível de ansiedade nos momentos de aperto. Talvez por isso o aluno consumisse com uma rapidez incomum o ar embaixo d'água. Estava propenso a reprová-lo. Em certas ocasiões, Gabriel desligava a lanterna e ia atrás do aluno para ver se ele tomaria as decisões corretas. Só que dessa vez, na caverna mexicana, percebeu que seu aluno estava entrando em pânico. Ele tinha se perdido e Gabriel viu-se passageiro da mesma agonia. Não sabia exatamente onde estava a saída, mas presumia a direção. Sinalizou para que o aluno fosse atrás dele e saiu em busca da salvação antes que o ar acabasse. Usaram uma técnica chamada "toque-contato": um deveria sair literalmente agarrado ao outro.

Gabriel respirou aliviado quando visualizou a boca da saída. Saiu, mas onde estava o aluno? Ele havia se desgarrado de novo justamente no momento de sair da boca. Aí quem estava em pânico era o instrutor, não podia perder ninguém. Entrou de volta na água, procurou mais, não achou. Saiu, pediu socorro para um guia na caverna, era preciso mais gente na busca. O tempo passava, sabia que o ar do aluno deveria estar acabando, até pelo seu alto consumo habitual. O aluno não era um jovem aventureiro, era um homem mais velho, pai de família, o que Gabriel diria à mulher dele, ao filho?

Quando o pânico já se transformava em desespero, o aluno surgiu em outra boca da caverna, tinha uma carretilha marcando o seu trajeto. Bem ao estilo da fábula de João e Maria com as pedrinhas, foi procurando alguma saída. Achou uma, se salvou usando uma técnica correta de busca. Gabriel ficou aliviado, mas destruído com a situação. Chorou a tarde inteira. Aquilo era um sinal. Não iria dar a carteirinha de mergulhador avançado de caverna para ele nem para mais ninguém. "Gabriel, aquela era uma área sinistra da caverna, podia acontecer com qualquer um, dá a carteirinha para ele", disse German Yanez , um instrutor amigo e guia da caverna em questão. Não, estava decidido. Assinou uma carta de transferência para o aluno, ele que tentasse refazer o curso com outro. Gabriel não ensinaria mais ninguém a mergulhar em caverna. Iria se meter com outros bichos. Estava de encontro marcado com as mais temíveis criaturas dos mares.

Na exploração de cavernas, pelo Planeta Terra.

3

OS TUBARÕES

PARECIA UM DIA COMO OUTRO QUALQUER NO RESTAURANTE ACUARIO NAQUELE VERÃO DE 1987. O *maître* Sancho foi procurado pela dupla de brasileiros que parecia genuinamente interessada na culinária do restaurante turístico em Cozumel, México. Além dos pratos típicos, a casa se destacava pelos grandes aquários com peixes... e tubarões. Gabriel Ganme e Júlio Mitne se apresentaram como instrutores de mergulho que costumavam trazer turistas brasileiros para mergulhar no Caribe mexicano. Não estavam mentindo, Gabriel de fato organizava as tais viagens. Disseram que queriam filmar a casa para indicar aos clientes e foram prontamente autorizados, afinal os brasileiros estavam cada vez mais presentes na cidade.

A dupla começou gravando os intragáveis mariachis que tocavam naquele momento, mostrou casais degustando iguarias e, ao primeiro descuido de Sancho, o verdadeiro plano foi acionado. Foram rápidos. Júlio montou a filmadora na caixa estanque, Gabriel colocou sua máscara e *tchibum*, se atirou na piscina onde estavam os lambarus, tubarões tímidos que se notabilizam pelos dentes atrofiados.

Pânico no restaurante. Muita gente sem entender o que estava ocorrendo, vários preocupados com o que poderia acontecer com um homem nadando entre tubarões, uma gritaria. Gabriel experimentava sua primeira vez com tubarões, estava tão absorto naquilo que nem percebeu uma moreia-verde furiosa tentando morder o invasor de seu espaço. Os tubarões eram os mais assustados da cena, tentando se esconder em um canto. O plano previa as reações humanas. Júlio, que era um verdadeiro "armário" em se tratando de força física, mas extremamente gentil, evitou que Sancho chamasse a polícia, explicando que seu amigo não batia bem da cabeça. Assim que saíssem dali procuraria ajuda psiquiátrica.

Deu certo. Gabriel, que já era instrutor de mergulho há alguns anos, realizou seu sonho de nadar entre tubarões. É bem verdade que a patacoada se deu em uma piscina-aquário, não no fundo do mar, mas era o que havia para o momento. E, o melhor de tudo, não foi extraditado do México... Na realidade, aquela era uma tentativa desesperada de se aproximar de tubarões. Gabriel e Júlio tinham passado os últimos dias mergulhando nos incríveis recifes de Palancar, viram de tudo. Garoupas, corais multicoloridos, peixes-anjo, tudo, menos o tubarão-limão, figurinha carimbada na região. No último dia, quando o dinheiro da viagem já estava no fim, montaram a farsa do restaurante. A história entrou para o anedotário em uma época de mais perrengues do que glórias.

Sua primeira experiência com barbatanas se deu ainda na adolescência, quando tentava surfar no Guarujá com amigos. Esperavam uma boa série de ondas na arrebentação quando alguém disparou o alarme: tubarões! A debandada foi a jato, Gabriel dormiu no ponto e foi um dos últimos a conseguir uma onda para sair da água. O vexame se provaria logo depois, quando a moçada percebeu que fugia covardemente de... golfinhos.

O medo de tubarões era de certa forma datado e tinha a assinatura de um imberbe cineasta americano. O jovem Steven Spielberg arriscou a carreira que se iniciava ao tentar tornar o mais real possível seu filme *Jaws* [mandíbulas], aqui traduzido por *Tubarão*. Bateu o pé porque não queria gravar as cenas em piscinas controladas nos estúdios de Hollywood. Pretendia dar realidade ao filme, partiu para alto-mar e torrou todo o orçamento do projeto. Conseguiu, porém, dar realidade às cenas. O grande tubarão branco mecânico pareceu de verdade e aterrorizante. O filme foi um sucesso mundial. O efeito colateral era que qualquer barbatana de golfinho pelo mundo desencadeava pânico nas praias.

Gabriel já tinha domado o medo adolescente. Agora os sentimentos eram outros, admiração, curiosidade, respeito. A experiência do restaurante em Cozumel foi mais folclórica do que satisfatória. Era preciso um contato verdadeiro com aquele objeto de desejo. E ele surgiu em fevereiro de 1990, numa viagem com o amigo de escola, Alcides Falanghe, para Nassau, nas Bahamas. Alcides, fotógrafo e também mergulhador, tinha conseguido uma *fam trip*, aquelas viagens gratuitas que as operadoras e os destinos turísticos oferecem a quem possa divulgar suas atrações. O lugar era perfeito para a observação, recifes com presença frequente de tubarões-bico-fino.

Essa primeira experiência real foi uma espécie de aprendizado reverso. Gabriel, por empolgação, cometeu todos os erros que serviriam de lição para seus futuros alunos. Escutou a orientação do guia local de ficar com os braços rente ao corpo, não interagir com a comida, usar mais lastro para ficar pregado no fundo. Dicas básicas para não irritar os tubarões e fazer a observação em segurança. As advertências entraram pelos ouvidos e viraram bolhinhas de ar expelidas na água.

Na ansiedade por documentar tudo, sentaram o dedo no obturador da máquina e gastaram rápido as 36 poses do filme (a foto digital não era nem projeto na época). Pior, as fotos ficaram um verdadeiro lixo. Sem experiência, os flashes estouraram na barriga branca super-reflexiva dos tubarões-bico-fino. Sem filme para fotografar, Gabriel não resistiu e segurou a cauda do bicho. Quase levou uma mordida... do guia! Tudo errado.

Mas, apesar das trapalhadas, estava aprendendo a interagir com tubarões e a compreender as enormes diferenças entre as espécies. Era preciso estudar as nuances comportamentais de cada uma para ter um mergulho seguro e prazeroso. Não existiam animais "assassinos e cruéis", o que havia era desconhecimento. Quando foi para Cat Island, nas Bahamas, sabia que poderia encontrar o "temível" tubarão-galha-branca-oceânico, um animal que chega a ter até três metros de comprimento. Essa percepção assustadora da espécie vinha de naufrágios ocorridos principalmente na Segunda Guerra Mundial. O galha ganhou essa fama em função do seu equipamento sensorial altamente desenvolvido, que identifica cheiros e ruídos. Com fendas nasais pronunciadas, a água permanece mais tempo em uma área de "interpretação de aromas".

Essa alta sensibilidade não significa agressividade maior, a não ser quando encontra outras espécies, como o tubarão-lombo-preto. Aí, de fato, se torna dominante e agressivo. Entender essas características ajuda demais na convivência. Em um dos mergulhos que fez nas Bahamas, passou por um incidente envolvendo um mergulhador novato que se isolava do grupo para tentar fotos melhores. Começou a ter sua máquina fotográfica golpeada pelos galhas e estava se assustando. Gabriel percebeu que, além de tudo, ele usava nadadeiras amarelas cintilantes. Subiram ao barco, trocaram essa nadadeira fashion por uma azul-escura mais discreta e a paz reinou por ali.

De todas as espécies, porém, havia um tipo de tubarão que conquistava o coração de Gabriel: o tubarão-tigre. Difícil explicar, até porque o tigre é o número três na lista dos ataques a humanos. Mas o bicho é mais complexo do que a estatística supõe. O tigre não demonstra comportamento agressivo quando entra em contato com mergulhadores. Mostra-se curioso e até relaxado, ao contrário de quem o encontra e se assusta com sua fama e seu tamanho. Um tigre chega facilmente a quatro metros de comprimento.

O ponto fundamental aí é a vivacidade e a curiosidade do tigre, não raro ele chega a fuçar os mergulhadores. O primeiro contato de Gabriel se deu da forma mais inesperada possível. O ano era 2003 e estava em Revillagigedo, no Pacífico do México. No intervalo dos mergulhos do dia, resolveu fazer companhia ao cozinheiro-monitor do barco em seu horário de folga. Queriam apreciar as maravilhosas raias-manta e, de repente, surgia uma imensa sombra passando a um metro. Nem deu tempo de armar a câmera para o primeiro registro de um tigre, mas o momento ficou devidamente gravado na retina.

A partir dali, o tigre virou quase uma obsessão. O tubarão temido pela imensa maioria dos mergulhadores merecia, além do natural respeito, uma atenção especial. No ano seguinte, Gabriel chegou perto de um tigre na África do Sul e fez uma bela foto. Na sequência, em um evento para mergulhadores, mostrou as imagens e chamou a atenção de Marcelo Szpilman, biólogo e diretor do Aquário Marinho do Rio de Janeiro. Ali havia uma contraponto. Em seu livro *Tubarões no Brasil*, Marcelo pregava que mergulhadores deveriam sair da água assim que trombassem com um tubarão-tigre.

O que poderia ter virado uma rixa acadêmica deu em amizade. Gabriel convenceu Marcelo a observar o tigre em uma viagem para a África do Sul. Juntos produziram o vídeo "Mergulhando com os tubarões", e o personagem principal não podia ser outro que não o tubarão-tigre. Polêmico, o tigre seguiu dividindo especialistas. Encontrado no Havaí, Fiji, Bahamas, África do Sul e até em Fernando de Noronha, ele é encarado como um grande risco, tanto que muitos desses mergulhos só são executados com o uso de gaiolas. Há um fato concreto: a regra básica dos oceanos é de que o maior come o menor. E o tubarão-tigre costuma ser bem maior do que seres humanos, inclusos aí até jogadores de basquete. Também é fato que em doze anos de convivência consecutiva com o tubarão-tigre Gabriel não presenciou um único incidente. O que não é passível de discussão é a constatação de que o tigre está sumindo, sua população teve uma redução de mais de 60% nos últimos anos.

Gabriel começava também a ter uma percepção ética e ecológica desse ofício. Era o homem que invadia o habitat do tubarão, não o inverso. Quanto menor o estresse gerado nessas "visitas", melhor. Não demorou para descobrir que a alimentação era o ponto-chave do mergulho com tubarões. Oferecer um "engodo" era o atalho mais rápido para os encontros. Esse engodo normalmente é uma carniça de peixe, um galão de alumínio com sardinhas que emanam um rastro de óleo para atrair os tubarões. A estratégia costuma funcionar, mas aí brotam reflexões. A primeira é a de segurança. Quem se aproxima demais da cena corre o risco de entrar no meio de uma disputa entre os animais pelo engodo. A segunda é, por assim dizer, ética mesmo, já que é o homem interferindo em um ambiente que não lhe pertence.

No princípio, o engodo era preso a uma boia com uma corda de náilon com as carcaças de peixe (quanto mais podres, mais eficaz o método). Tubarões com dentes afiados cortavam logo o fio e levavam embora o chamariz. A "segunda geração" do engodo tinha a corda substituída por uma corrente de metal resistente. Aí o problema criado era outro. Certa vez, no litoral da África do Sul, um tubarão-tigre enroscou os dentes na corrente e acabou enrolando o corpo todo. Um guia experiente chamado Steve agiu e impediu que o peixe morresse asfixiado.

A solução então foi encapar a corrente com um plástico de alta resistência para evitar acidentes. Parecia funcionar, até que um tubarão mais afoito engoliu a carniça de peixe numa bocada e prendeu a extremidade de sua boca ao cabo. Percebeu que havia algo errado e tentou se livrar da corrente em movimentos circulares enquanto ia se enrolando cada vez mais. O sul-africano Mark, o guia desse mergulho, não estava conseguindo ajudar o animal. Gabriel percebeu a emergência, deixou a máquina fotográfica com outro mergulhador e entrou no resgate. Funcionou, a dupla se arriscou na operação e libertou o animal da corrente. Mas o certo é que o tubarão-tigre saiu bem machucado do episódio. Sobrou o dilema: como mergulhar provocando o mínimo impacto ambiental?

Sem perceber, Gabriel estava de novo "mudando" de profissão. O médico pediatra deu à luz o mergulhador, que gerou o instrutor de mergulho, que se tornou especialista em mergulhos de cavernas, que desembocou em um "tubaronólogo", se esse termo existisse. Ele estava misturando seus conhecimentos de mergulho com noções de biologia, com técnicas de filmagem subaquática, tudo ao mesmo tempo. Juntava-se aos melhores, fazia expedições com o documentarista Lawrence Wahba, com os fotógrafos Marcelo Krause e Kadu Pinheiro, com o biólogo Marcelo Szpilman, com outros apaixonados por tubarões. Havia um negócio incipiente aí, mergulhar com tubarões não era produto corriqueiro de agências de viagem. Trabalhava com operadoras de turismo, até se dar conta de que seria bem mais rentável se tivesse a própria empresa de turismo. Assim fundou a Azul Profundo, que explorava com segurança o turismo de mergulho no país e pelo mundo afora. O nicho se mostrava extremamente promissor, até porque os "destinos de tubarão" também estavam sendo mapeados. Nesse contexto, Galápagos foi sem dúvida um divisor de águas.

O arquipélago de Galápagos está a 900 quilômetros do litoral equatoriano e entrou no mapa da ciência mundial por ninguém menos do que Charles Darwin em 1835. O cientista britânico esteve nas ilhas e não é exagero dizer que a teoria da evolução tomou corpo nessa viagem. Estava tudo ali. Era olhar os animais em volta para perceber que o mecanismo da evolução só podia ser a seleção natural das espécies. Ficava fácil pensar na evolução das espécies observando os simpáticos cormorões não voadores. A ave voa em qualquer canto do planeta, menos ali. Quando os cormorões chegaram às Galápagos, havia tanto alimento disponível que era só aguardar na pedra. Não era preciso voar. Ele saía do ninho, mergulhava e voltava alimentado, sem predadores a persegui-lo. Era o exemplo prático da teoria da evolução. Quem não utilizasse uma parte do corpo ou uma habilidade, teria a tendência de perder o que tinha. Valia para os cormorões, valia para o homem, que deixava de ser quadrúpede e desenvolvia cérebro também por adaptação.

Se Darwin tivesse equipamento de mergulho na época e pudesse observar o fundo do mar das Galápagos, o assombro seria ainda maior. Não era apenas a abundância e a variedade das espécies, mas a exclusividade. Animais que só existiam naquele pedaço preservado do mundo, bichos grandes, esquisitos, maravilhosos. Gabriel teve o primeiro contato com o arquipélago no início dos anos 1990, quando foi convidado por um agente que tentava promover as ilhas Galápagos. O barco, porém, não era bom, poucos mergulhos, roteiro atrapalhado, um surto de conjuntivite, a experiência esteve longe de ser satisfatória.

Em 2003 foi diferente. Estimulado pelo amigo Alcides Falanghe, Gabriel formou um grupo de dezesseis mergulhadores para um tour pelo Equador. O início não poderia ser melhor. Quito, patrimônio da Unesco, se mostrou uma cidade interessantíssima, ótimos passeios, povo carinhoso. Depois a inesquecível trilha, que já começava nos 4 mil metros de altitude, para chegar ao topo do vulcão Cotopaxi, a asfixiantes 5.897 metros de altitude. O ar que faltava na caminhada era compensado pela beleza da paisagem.

O melhor, claro, ficou reservado para o arquipélago em si. Dessa vez, a viagem estava redondinha. Um voo de Quito até Galápagos e um excelente barco para mergulho já na espera. Ali começava a verdadeira aventura. Galápagos era um mundo à parte, um arquipélago formado por centenas de ilhas e ilhotas e uma diversidade impressionante na vida marinha. Duas correntes, uma gelada e outra quente, criavam ambientes completamente diferentes numa distância de poucos quilômetros. Nas ilhas mais ao sul, a corrente fria de Humboldt agia, enquanto as ilhas mais ao norte tinham a influência da corrente quente do Panamá. Era como se houvesse uma Galápagos tropical, com temperatura da água na faixa de 25 graus Celsius e uma vida marinha compatível com esse "calor", e uma Galápagos de inverno, com água a 11 graus. As duas zonas separadas por uma mínima distância.

Já com um espanhol fluente, fruto das repetidas viagens a Cozumel, Gabriel rapidamente se identificou com os equatorianos. A ponto de ter virado o representante mundial de um dos melhores barcos de Galápagos. Na prática, isso determinaria o que iria acontecer nos anos seguintes, foram mais de trinta viagens para as ilhas Galápagos. Sua agência se tornaria o caminho possível para quase todo brasileiro mergulhador que quisesse conhecer o paraíso de Darwin. Gabriel viraria uma espécie de *"señor* Galápagos".

O ponto icônico do pedaço era o Arco de Darwin (que virou Torres de Darwin, depois que o arco desabou), um lugar de forte correnteza e rara beleza. Não era necessário nadar procurando as atrações, o ponto de encontro era ali mesmo, bastava ficar parado que o desfile biológico logo começava. Raias, os mais diversos peixes, leões-marinhos, cardumes de tubarões-martelo e o pop star do mergulho, o tubarão-baleia. Com 15, 18 metros, o tubarão-baleia é imponente e nada agressivo. Ao contrário, é quase tímido. Quando percebe alguém na frente, dá a seta, vira de lado e some. Uma de suas peculiaridades é que tem supercílio, ele chega a dar uma piscadela ao perceber forasteiros, talvez por desconforto até.

Já na primeira viagem percebeu o poder do fascínio do tubarão-baleia. O grupo de mergulhadores foi dividido em dois no primeiro dia e cada um dos guias locais optou por um roteiro. O grupo de Gabriel viu de tudo, cardumes enormes, tubarões, espécies que eles nem sonhavam que existiam. Mas nenhum baleia. O segundo grupo encontrou tubarões-baleia. Pronto. No jantar à noite no barco, foi um desconforto, o primeiro grupo ensaiando frustração e fazendo muxoxos. Não adiantou Gabriel argumentar que o que tinham visto era incrível, merecia ser desfrutado. Só no mergulho final do último dia que a situação se inverteu. Gabriel filmava um tubarão-martelo que estava paradinho esperando a "limpeza" de um peixe-borboleta que jantava os parasitas incrustados na pele, de repente, a agitação, um imenso tubarão-baleia surgiu, para a festa dos amuados mergulhadores brasileiros. A viagem não só estava salva, como só nesse ano de 2003 Gabriel ainda voltaria mais três vezes para proporcionar o encontro de mergulhadores com a estrela do pedaço, o tubarão-martelo.

Nesses incontáveis mergulhos pelas Galápagos, muitas histórias lindas e uns poucos perrengues. Um deles ocorreu quando Gabriel levava um cliente para tentar filmar tubarões-martelo com *rebreather*. O equipamento subverte a lógica do mergulho convencional, em que o indivíduo absorve o oxigênio do cilindro de ar e expele o gás carbônico, que sai na água em forma de bolhas. No *rebreather*, esse CO_2 é reprocessado e se transforma em oxigênio de novo. Na prática, não há mais aquelas bolhinhas de gás carbônico que afugentam algumas espécies... como o tubarão-martelo.

A dupla já estava finalizando o mergulho e fazia a parada de segurança programada a poucos metros da superfície quando o cliente sumiu. Sozinho e sem expelir bolhinhas na água, ele foi cercado por alguns tubarões-lombo-preto. O pânico bateu. Botou a cabeça para fora da água e precisava esperar ser avistado pelo barco inflável que vai recolhendo os mergulhadores no mar agitado. Estava apavorado, mal percebeu que o bote que se aproximava era de outro grupo. Nem esperou uma escada ser oferecida, numa descarga de adrenalina, já se atirou para escalar o barco, mesmo tendo mais de quarenta quilos de equipamento nas costas. O problema é que o verdadeiro bote seguia procurando o mergulhador, e aí quem entrou em pânico foi Gabriel. Sabia que seu cliente tinha uma mulher grávida de sete meses esperando por ele no Brasil. Passado algum tempo, o mergulhador foi encontrado, tudo acabou bem.

Como no tempo das cavernas de Bonito, era importante conter os arroubos e a empolgação dos mergulhadores de primeira viagem. Em cavernas, o risco é incomparavelmente maior; um erro de orientação e o sujeito se perde em alguma galeria e nem volta à superfície. No mar, o mergulho em si envolve riscos mínimos. O problema era a questão comportamental: como se aproximar de animais com dentes pontiagudos sem se colocar como uma ameaça? Nem sempre todos os integrantes dessas viagens seguiam as recomendações básicas.

No réveillon de 2004, Gabriel levou ao Taiti um grupo de catorze brasileiros, mais um casal de ingleses e um japonês. Não faltavam atrações. Estavam no arquipélago de Tuamotu, mais precisamente no atol de Toau. Um verdadeiro paraíso, com a presença de tubarões-cinzentos-dos-recifes, tubarão-de-pontas-prateadas e galhas-brancas-de-recife. Era uma observação tranquila, os tubarões não davam a mínima para os mergulhadores desde que estes não incomodassem demais com suas bolhas.

Havia um ajudante na expedição, um instrutor americano que acabou se encantando por uma brasileira do grupo. Para se exibir para a moça e atrair tubarões, encheu o bolso do colete de mergulho com filés de peixe em um local que nem necessitava do engodo. O ritual de aproximação deu certo, mas não exatamente como ele imaginava. Ele atraiu uma fêmea, só que fêmea de tubarão, que achou que os filés no bolso do americano eram mais interessantes do que o trabalho de caçar peixinhos vivos. E começou a se chocar com o corpo do instrutor de forma bastante agressiva. Os outros em volta entraram em modo combate e a situação passou a ficar tensa. O turista japonês estava com uma roupa de neoprene com detalhes em laranja e se tornou alvo de um tubarão mais estressado que se preparou para abocanhar o braço. Gabriel percebeu a intenção, segurou o tubarão pela cauda e o chacoalhou até ele desistir da iguaria humana. Sinalizou ao americano para que se livrasse imediatamente dos peixes no bolso e guardou a bronca maior para o momento que subiram ao barco. O Don Juan de snorkel se deu mal com a brasileira, mas o acidente foi evitado e o réveillon terminou com lindas fotos de tubarões.

Não havia como se queixar da vida nesses tempos. O trabalho se misturava com o prazer da exploração. A cada viagem, uma nova espécie de tubarão era observada e surgia a promessa de conhecer outra em algum lugar do planeta. Os relatos, as fotos e as histórias desses anos iriam até desembocar no livro *Sobre homens e tubarões*, publicado em 2018 pela Editora Labrador. E o melhor é que não gastava para desfrutar dessas aventuras, estava trabalhando, sendo bem remunerado. Claro que entregava um serviço de qualidade e cada vez mais se tornaria uma referência nesse tipo de atividade. Em paralelo aos mergulhos, seguia praticando esportes. O tênis tinha dado lugar ao squash, e Gabriel não conhecia a palavra moderação quando entrava numa modalidade. Só havia um problema: as dores no corpo se tornavam cada vez mais frequentes e intensas. Nem desconfiava, mas um calvário estava para começar.

Nas quadras de tênis do Monte Líbano.

4

O HOMEM DE TITÂNIO

ERA ENTRAR NA QUADRA PARA PERCEBER A CARA DOS ADVERSÁRIOS. Não era medo, mas um certo aborrecimento. A turma não gostava mesmo de enfrentar Gabriel Ganme no squash. Primeiro porque ele não era exatamente um jogador de squash. Era um tenista que apenas havia trocado o saibro por uma quadra envidraçada. Em vez de tentar adaptar o seu jogo ao novo esporte, fazia o contrário, arrastava os adversários para o tipo de jogo que queria fazer. E se dava bem. Quando tenista, Gabriel se destacava pela mão habilidosa no voleio. Se não tinha condições de sustentar um jogo consistente de fundo de quadra, o mais inteligente era encurtar o jogo. Decidir o mais rápido possível os pontos subindo à rede.

No squash, atletas chegam a trocar trinta ou quarenta bolas, insistem nas paralelas, na força, na repetição. Gabriel preferia liquidar logo o ponto com voleios, aproveitando as quinas da quadra. Um chato. Só que um xarope que tirava os adversários do sério e ganhava jogos. Não, os sócios do Monte Líbano não gostavam muito de enfrentá-lo. Assim Gabriel foi evoluindo no ranking, passava da quarta para a terceira classe, ia representando o Monte Líbano em torneios interclubes de São Paulo. Jogava com cada vez mais frequência e intensidade. Não sabia brincar, nunca soube. Quando encarava um novo desafio, pegava pesado, exigindo demais do próprio corpo.

E esse jogo adaptado do tênis para o squash cobrava uma tarifa biomecânica. A movimentação diferente de um tenista em quadra de squash deve ter colaborado para que lesões repetitivas aparecessem. O cotovelo direito apitava forte a ponto de precisar de um ortopedista. Talvez pelos excessivos voleios, desenvolveu uma epicondilite no cotovelo direito. Não conseguia nem mais levantar o braço para pentear o cabelo. Fez duas infiltrações para tentar resolver o problema, trocou de raquete, mas precisou de uma cirurgia. Aproveitou as consultas para contar ao médico de umas dores vagas no quadril direito que começaram na época do espeleomergulho. Na realidade, nem era pela atividade em si, mas pelos pesados cilindros que carregava para chegar aos pontos de mergulho.

Os resultados dos exames se mostraram assustadores. Gabriel tinha uma respeitável artrose no quadril. Não havia tratamento conservador que pudesse dar jeito naquilo, a solução mais indicada para aquele problema seria uma prótese. O médico, especialista no tema, no entanto, tinha um porém: "Mas você está muito jovem para isso, Gabriel. Se der agora uma aliviada no esporte, dá para postergar essa prótese. Se colocarmos agora, é possível que você tenha que colocar uma outra até o fim da vida, essas próteses têm um prazo de validade de quinze, vinte anos. Aí, mais velho, fazer uma nova cirurgia pode ser complicado, melhor seria empurrar isso para mais adiante".

O ano era 2002, Gabriel estava com 42 anos e nem um pouco disposto a aliviar na atividade esportiva. Adorava explorar limites, odiava perder qualquer partida, fosse de tênis ou de squash. E estava perdendo, quase sempre de virada. Vencia rapidamente o primeiro set, começava a sentir dores, os adversários percebiam e alongavam os pontos. Perdia os dois sets seguintes e saía da quadra mancando. O roteiro se repetia miseravelmente. Os meses se passavam e o quadro se agravava. A dorzinha tinha virado dor e estava a toda se transformando em dorzona.

Procurou então outro médico e foi logo decifrado por Antonio Carlos Bernabé. O ortopedista percebeu que não havia jeito, aquele paciente voluntarioso não iria reduzir sua atividade esportiva e a artrose seguiria no lugar que estava. Colocar uma prótese total de quadril era a melhor alternativa nessa situação. E assim foi. Uma longa cirurgia de três horas com os doutores Antonio Carlos Bernabé e Guilherme Bucalem e uma recuperação de três meses até a alta completa. Como seria a vida a partir dali? Doutor Guilherme foi claro nas recomendações: "Não existe proibido, existe pouco indicado, ou mais indicado. Claro que a natação, pelo baixo impacto, seria o esporte ideal a partir de agora, desde que você gostasse, o que parece não ser o caso. Não vá fazer esportes de contato, luta, futebol. Tênis? Se quiser muito, pode jogar em dupla, que exige menos deslocamentos".

Para variar, Gabriel tinha pressa, muita pressa. Procurou o amigo fisioterapeuta Ricardo Ghirlanda, que montou uma série de exercícios de fortalecimento muscular para acelerar a volta ao esporte. Em paralelo, Gabriel partiu para caminhadas no parque do Ibirapuera. Logo estava percorrendo 5 ou 6 quilômetros, e com uma certa velocidade. Quando Ricardo percebeu que seu paciente estava caminhando a 7 quilômetros por hora, resolveu falar. "Você enlouqueceu, Gabriel. Na velocidade que você anda, é melhor trotar. Está tendo mais impacto caminhando do que trotando." E assim nascia um novo corredor, no princípio um "trotador".

A prótese realmente tinha resultado em um grande alívio. As dores crônicas haviam sumido. Voltou ao Monte Líbano para jogar tênis em torneios interclubes. Tinha virado um duplista, porém um duplista pouco convicto. Era divertido, só que nada comparado ao jogo de simples em que controlava a estratégia e manejava o ponto sem depender de um parceiro.

A recomendação médica de ficar restrito às duplas durou uns seis meses, se tanto. Uma partidinha aqui, outra ali, já estava mergulhado no esporte outra vez e mirando torneios internos de simples. Tudo "piorou" quando conheceu um professor de tênis, o inglês descendente de gregos chamado Andrew Benetatos. Ele elogiou o jogo clássico de saque-voleio e apontou alguns aspectos a melhorar. Com as dicas, Gabriel retomou a quarta classe, pulou para a terceira e chegou à segunda classe. A besta competitiva estava de volta, mas agora com uma prótese total no quadril esquerdo.

A evolução, porém, tinha limites. Esbarrava na mobilidade reduzida e na esperteza de adversários mais qualificados quando percebiam que Gabriel mancava um pouco. Alongar trocas de bola era mortal para o jogo do manquitola. Gabriel seguia com os mergulhos de tubarão e com a agência de turismo. O namoro com a matemática e bancária Sabrina evoluiu para casamento. Em maio de 2006, numa viagem para a Escócia, deram a sorte de pegar uma nevada fora de época. Ao visitar uma estação de esqui, bateu a curiosidade de provar aulas de snowboard. Tinha surfado um pouco na adolescência, andado algumas vezes de skate, o snowboard parecia um primo próximo desses outros esportes de prancha. De fato, eram.

Já nas primeiras classes coletivas, Gabriel estava em pé enquanto os outros tentavam se equilibrar. Como de costume, resolveu acelerar. Aulas particulares, descidas mais rápidas e... a besteira. Um erro e um belo tombo. Uma das costelas trincou, mas a empolgação com o novo esporte seguiu intacta. Mal a fratura consolidou e o casal estava de novo no Valle Nevado, no Chile, para a primeira temporada de neve. As viagens de esqui se tornariam frequentes nos anos seguintes. Corriqueiras a ponto de Gabriel mudar o perfil de sua agência de viagens, especializada até então apenas em destinos de mergulho. Por que não juntar tubarões e pistas nevadas? Misturar trabalho e paixão sempre foi uma de suas pegadas.

Duas vezes ao ano o casal encaixava semanas de neve enquanto o tênis ia ficando cada vez mais em segundo plano. E não era apenas isso que estava mudando. No início de 2009, Gabriel levava um grupo de esquiadores brasileiros para a estação de Peisey-Vallandry, nos Alpes franceses. Sabrina estava junto e reclamou de uma dor no joelho, algo natural para quem tinha passado o dia esquiando. O marido médico já ia se apressando para pegar um analgésico quando foi interrompido. "Mas e se eu estiver grávida?"

Já fazia um certo tempo que o casal estava tentando engravidar, tinham até investigado a razão da demora. Aquela possibilidade pegou Gabriel de surpresa. Saiu correndo afobado até a cidadezinha mais próxima, Bourg-Saint-Maurice, à procura de uma farmácia. Sem falar nada de francês, Gabriel interpretou com as mãos a barriga de uma mulher grávida. A balconista disfarçou o riso e entregou o kit do teste. A notícia da gravidez de Sabrina foi comemorada efusivamente na volta para o hotel. Luiza, além de se tornar o centro das atenções do apartamento em que viviam na região dos Jardins, provocaria uma importante reviravolta profissional.

Curtindo a natureza com minha filha, Luiza.

5

O DOUTOR CORRIDA

ERAM TEMPOS BICUDOS. A empresa que havia criado, a Dive Paradise, não gerava recursos para qualquer tipo de novo investimento. Mal pagava os custos. Fechou a escola e foi trabalhar como médico hiperbárico e instrutor de mergulho no Projeto Acqua. As contas melhoraram, mas Gabriel sabia, no início de 1990, que precisava investir mais em sua formação. O curso de Diretor de Instrução em Mergulho custava mais de 2 mil dólares, fora passagem e hospedagem na Califórnia por duas semanas. Adquirir esse conhecimento e o certificado da respeitada PADI podia fazer toda a diferença em um mercado que engatinhava. Tomou coragem para falar com o pai. Já tinha retomado a relação que anos antes estremeceu quando comunicou que estava largando a medicina para ser mergulhador. Conversavam sobre a família, esportes, tudo. Quer dizer, quase tudo. Evitavam falar sobre a nova carreira de Gabriel, um tema sempre delicado entre os Ganme.

Gabriel botou a viagem para a Califórnia na ponta do lápis, precisava de uns 15 mil dólares. E resolveu pedir a quantia justamente para quem era contra aquela escolha profissional. Anis Ganme emprestou o montante. O curso, de fato, era excelente. E um diferencial no mercado brasileiro. Gabriel passava a formar novos instrutores de mergulho em rentáveis turmas. Pouco mais de um ano depois, já tinha como devolver o empréstimo. Juntou os 15 mil dólares, botou as notas em um saco plástico e foi devolver ao pai. "Filho, fico feliz que tenha batalhado para trabalhar e devolver o dinheiro. Fica pra você. Invista em seu negócio." O episódio de 1990 jamais saiu da cabeça de Gabriel. Menos pelo dinheiro, mais pela simbologia. Era a primeira vez que tinha, ainda que de um jeito tímido, a aprovação do pai no tema. Ver o filho abdicando da medicina para se tornar mergulhador era difícil para aquele velho médico assimilar. Estavam se reconciliando, se reconectando.

Quase vinte anos mais tarde, uma nova questão de família aparecia na ordem do dia. Gabriel iria ser pai, precisava repensar sua rotina. A vida que levava era estimulante, divertida e rentável. Só não rimava com paternidade. Tinha uma agência de turismo e corria o mundo em busca de lugares para mergulhos. Não eram agora apenas os tubarões, havia a neve. A cada semana, um lugar diferente e maravilhoso, mergulhando ou esquiando. Ótimo, mas como acompanhar o crescimento da filha viajando em ritmo frenético?

Era até irônico que a solução encontrada para o dilema remetesse tanto ao passado. O instrutor de mergulho condecorado, o especialista em tubarões, o empresário bem-sucedido, todas essas personas precisariam sair de cena. Luiza iria demandar muito tempo, já sabia disso. De forma alguma, iria abdicar desse convívio. Ser pai era um sonho antigo. A saída foi mesmo voltar à medicina. Tinha se formado em 1984 e concluído a residência em pediatria em 1986. Nunca clinicou, não se sentia à vontade como pediatra. No entanto, os anos todos de mergulho acabaram gerando outra conexão com a medicina. Já em 1988, concluiu um treinamento em medicina do mergulho pela Undersea & Hyperbaric Medical Society (UHMS). Na época, a preocupação era ser um instrutor de mergulho mais qualificado. Foi palestrante também nos primeiros cursos de pós-graduação em medicina esportiva do extinto Centro de Medicina da Atividade Física e do Esporte (Cemafe) da Escola Paulista de Medicina, na área de medicina do mergulho. Isso sem falar no fato de ter virado instrutor de primeiros socorros de mergulho pela PADI. Sem perceber, tinha virado um médico do esporte, ainda que não estivesse atuando diretamente nessa função.

Com tanta bagagem e experiência, fazia total sentido investir diretamente em medicina esportiva. Seria uma forma de condensar todas as suas "vidas pregressas". O médico projetado pelo pai encontraria o aventureiro da juventude para se transformar em outro tipo de profissional. E, o melhor, um profissional com tempo para ser pai. Sim, iria virar especialista em medicina esportiva e do exercício pela Escola Paulista de Medicina e pela Sociedade Brasileira de Medicina do Esporte e do Exercício. Teria também um consultório no bairro de Moema.

O início foi mais árido do que o esperado. Apesar de toda a rodagem, estava começando, de certa forma, em uma nova profissão. Ao longo dos anos, havia aconselhado e medicado muita gente do mergulho. Só que eram consultas informais, gratuitas, tudo na camaradagem. Agora era diferente, precisaria fazer clientela, um consultório não prospera do nada. O prejuízo dos primeiros anos não chegou a ser um drama, já que tinha feito um bom pé-de-meia com a agência de turismo. E, ocasionalmente, apareciam rentáveis viagens de mergulho que requeriam sua presença como guia. Não é que apenas soubesse onde estavam os tubarões, Gabriel sabia como agir entre eles, era referência de mergulho proveitoso e seguro. Nessas viagens, tentando se comunicar por Skype com a filha, ficava mais convicto de que tinha tomado a decisão correta ao redirecionar a carreira. Não suportaria o ritmo anterior de longas viagens afastado de Luiza.

O consultório demorou a engrenar, consumiu algumas reservas guardadas, mas começou a andar. O que não andava, na época, era o seu jogo de tênis. Tinha estagnado, estava deixando de ser prazeroso. A falta de mobilidade cobrava uma conta. O quadril esquerdo até nem incomodava, a prótese estava dando conta do recado. O novo problema era o quadril direito, que se fazia sentir a cada jogo. Ali também existia uma respeitável artrose, e o tênis fazia tudo ficar pior. Em 2010, bateu na porta do consultório do ortopedista e amigo, Guilherme Bucalem. Já era caso para uma segunda prótese, mas havia uma alternativa mais conservadora, ainda que sem grande chance de ser a solução definitiva. Em parceria com o doutor Marcelo Cavalheiro, Bucalem poderia fazer uma espécie de raspagem no osso do quadril por artroscopia, a recuperação seria bem mais rápida. E assim foi.

Uma semana após a artroscopia, Gabriel já andava sem muletas. Fortalecimento muscular, caminhadas, pequenas corridas. O tênis, com seus deslocamentos laterais, em nada ajudava. Já tinha passado da hora de largar esse esporte. Não conseguiu abandonar de uma só vez, mas parou de jogar torneios estaduais e treinar sistematicamente. Entrava nos torneios interclubes mais para acompanhar os amigos de anos, o foco era outro. Estava fanatizado mesmo era pelo snowboard, reservava ao menos trinta dias por ano, que dividia entre Valle Nevado, no Chile, e as estações do Colorado, nos Estados Unidos. Não competia com os outros, agora a competição era com ele mesmo. Tinha virado um *freerider*, ia para fora das pistas, onde a neve é mais abundante... e imprevisível. A adrenalina não era mais a do *set point* nas quadras, mas a da descoberta de um novo caminho, uma curva feita com mais rapidez na neve.

A brincadeira ficou mais radical quando Gabriel conheceu no Valle Nevado um guia chamado Diego Uranga. A conexão foi imediata. Diego era a mistura improvável do instrutor atencioso, detalhista, preocupado com normas de segurança, com o garotão que adorava e conhecia as quebradas mais sinistras da neve. De certa forma, Diego era a versão mais jovem de Gabriel, meio médico e meio monstro quando o assunto era esporte. O santo dos dois bateu, Diego passou a trabalhar exclusivamente para Gabriel como guia e instrutor nas semanas em que ia para o Valle.

A curva de aprendizado de Gabriel era tão rápida quanto as manobras que aperfeiçoava na neve batida. Mas Diego tinha fascínio mesmo era pelo "fora de pista", os caminhos não compactados pelas máquinas que também não eram sinalizados com bandeiras. No fora de pista, a neve é fofa, deliciosa para manobras, sobretudo numa pranchinha de snowboard. Mas é preciso conhecer o terreno, saber mais ou menos onde pode haver pedras sob a neve, ter certa confiança de que a descida não desembocará em algum lugar plano sem ponto de retorno para o hotel. Diego conhecia tudo, gostava em especial do paredão Santa Teresa, localizado em frente ao complexo turístico do Valle Nevado.

Os hóspedes tinham a opção de usar uma espécie de teleférico individual em que o esquiador é rebocado montanha acima até chegar à estação vizinha, que se chama Colorado, no outro lado do vale. "Radicais livres", como Diego, estavam pouco interessados no Colorado, lugar mais indicado para principiantes, pela pequena inclinação de suas pistas. Queriam usar o teleférico, chegar ao topo do Santa Teresa e despencar morro abaixo num fora de pista mais selvagem. E claro que Gabriel entrou na onda, aquilo era divertido demais.

A história toda do fora de pista era estimulante, e Gabriel a cada semana de esqui aprendia algo a mais. Estava controlando velocidade, direção, mas sabia que havia uma variável incontrolável nessa história: as avalanches. A maioria absoluta das avalanches em áreas de esqui ocorre justamente no fora de pista após nevascas. Uma camada de neve fresca se sobrepõe à neve dura e, dependendo da inclinação, ventos, mudanças de temperatura, uma imensa massa de neve pode deslizar montanha abaixo, soterrando quem estiver na frente. Gabriel queria aprender com Diego a "ler a neve", tentar minimizar os riscos. E aí estava posto o paradoxo do prazer e do risco: após nevascas, a neve fofa garantia um esqui de alta qualidade, mas era essa mesma condição que elevava a possibilidade de avalanches.

Tempos antes, Gabriel estava esquiando na estação Snowmass, nos Estados Unidos, quando viveu uma situação constrangedora. Logo após uma nevasca, começou a namorar uma área fora de pista que parecia sensacional. Nisso percebeu que os "pisteiros" da estação averiguaram o lugar, esquiaram alguns instantes e voltaram a fechar a área com cordas. Gabriel esperou os monitores saírem e cometeu a travessura. Passou por baixo das cordas para aproveitar aquela neve fofa toda. Escutou os gritos dos responsáveis, fez que não ouviu e fugiu em direção a um punhado de árvores imaginando que escaparia dos bedéis da neve. Claro que a turma era bem mais rápida do que ele. Tomou uma bronca e escutou a explicação. Eles estavam avaliando justamente o risco de avalanches, esquiaram um pouco, não sentiram firmeza naquele momento e fecharam o trecho. Levaram Gabriel até a administração e interditaram o passe que dava acesso aos teleféricos e pistas. Ele ficaria bloqueado até que Gabriel fizesse uma prova escrita sobre segurança de montanha.

Gabriel nem tentou se defender. Sabia que tinha feito bobagem. O episódio reforçou, no entanto, sua preocupação com avalanches. Elas são muito mais velozes do que os esquiadores. Dependendo da quantidade de neve, é soterramento e morte na certa. Descobriu na própria Snowmass a existência de umas tais "mochilas antiavalanche" com uma espécie de airbag gigante que podia ser acionado no momento do impacto e tirar o esquiador para fora da neve. Os primeiros modelos eram abastecidos por um cilindro de gás carbônico, algo complicado para transportar de avião. Gabriel soube então que havia uma marca com sistema elétrico. Nem pestanejou, pagou caro pela engenhoca, mas pagou feliz. Para quem gostava tanto de terrenos fora de pista, aquilo podia ser a diferença entre a vida e a morte.

Passou a esquiar sempre com a mochilinha de sobrevivência nas costas. Segurança era um tema tão relevante que se inscreveu naquele agosto de 2015 em um curso de medicina polar na Nova Zelândia. Fazia todo o sentido profissionalmente. Estava formando uma boa clientela e já não era o médico do esporte reconhecido apenas pela tribo do mergulho. A própria experiência pessoal na neve ajudava a expandir a rede de contatos. Na semana anterior ao curso, levou a família para alguns dias no Valle Nevado. E foi uma semana para lá de animada. E assustadora. Enquanto a mulher e a filha se divertiam nas pistinhas próximas ao hotel, Gabriel ia visitar o paredão de Santa Teresa com Diego. Depois soube com mais detalhes, horas antes uma avalanche havia matado um esquiador por lá. Pesquisando melhor, "Tere", como o paredão é carinhosamente chamado, vinha registrando uma série de acidentes. Após conversar com Sabrina, concluiu que havia uma opção bem mais segura, e assim Gabriel partiu para uma aventura de heliski em montanhas mais afastadas.

A experiência envolve um certo sangue frio. O helicóptero não pousa no alto da montanha, ele chega bem perto e os aventureiros saltam de uma pequena altura. A turma era deixada em uma costela da montanha, com um abismo para um lado, um abismo para o outro. O risco da situação era minimizado pela destreza do piloto, que conseguia estabilizar o helicóptero, e pela esperteza do guia, que tirava rapidamente os esquis e as pranchas de snowboard da gaiola, apressando a operação. Passado o momento de tensão do desembarque, a diversão. À medida que o helicóptero sai dali, apenas o som do silêncio. Pranchas calçadas, era só descer na superfície macia e aproveitar o privilégio de uma neve virgem e fofa.

A partir dali não havia muito mistério, desde que as regras de segurança fossem respeitadas. Havia nevado muito nos últimos dias, o que aumentava o risco de avalanches. A montanha oferecia todo o prazer do mundo aos esquiadores, mas não aceitava levar desaforos para casa. No caso, desaforo era cutucá-la nos seus pontos mais sensíveis. O guia tinha explicado a dinâmica da brincadeira. No início da descida, o pessoal poderia aproveitar a parede de até 50 graus de inclinação para fazer o traçado livre. Depois, no entanto, a inclinação diminui e uma espécie de vale se forma. E é aí que surge o perigo. A orientação era não andar pelas "cornijas", as bordas desse vale, justamente onde a neve recente não estava compactada.

Orientação dada não é sinônimo de orientação assimilada. Um bielorrusso do grupo resolveu desafiar as normas e provocou a montanha. Dito e feito. Ao passar pelas bordas do vale, gerou a movimentação de um pequeno bloco de neve, que mexeu com outro e com mais outro. A avalanche havia começado. Gabriel e o guia do heliski, que se chamava Claudio, estavam mais à frente e ouviram o barulho. Era inútil tentar ser mais rápido do que uma avalanche, começaram a se preparar para o pior. Gabriel já estava com o dedo no gatilho para acionar o dispositivo do airbag de sua mochilinha de sobrevivência. Claudio disse para aguardar, enquanto avaliava naqueles breves segundos o tamanho da encrenca. A montanha de neve veio, mas não em uma quantidade gigantesca, não foi preciso o airbag. Alguns dos esquiadores terminaram a descida com neve até o peito. Gabriel e o guia, que estavam mais à frente, apenas com o susto.

Era a hora de reavaliar também a viagem de volta. O resort do Valle Nevado está a apenas 40 quilômetros de Santiago, só que a estrada é tensa. Pista estreita e sessenta curvas que parecem cotovelos. Quando neva demais, a estrada fecha, ninguém chega, ninguém sai do hotel localizado a 3 mil metros de altitude. Gabriel ia começar o curso de medicina polar e sobrevivência na Nova Zelândia, não podia se dar ao luxo de perder voos. Naquela semana de neve todos os dias, resolveu antecipar a volta, já prevendo possíveis problemas na estrada. Desceria antes no Subaru 4×4 de Diego enquanto a mulher e a filha aproveitariam os últimos dias da estadia. Não sabiam, mas Diego e Gabriel seriam os últimos a descer antes de a estrada ser fechada por dois dias.

Não foi uma viagem tranquila, houve momentos que Diego rasgou com o 4×4 a neve acumulada na estrada. O subarinho sofreu, chegou a ter neve até o vidro, porém conseguiram. O curso de medicina polar era importante, valia a ousadia da descida até o aeroporto de Santiago. Embarcou para Auckland e de lá para Christchurch e chegou a tempo do início do curso.

Os dias de neve, a avalanche, Gabriel estava no clima para assimilar tudo o que ia ser ensinado sobre frio e medicina no outro lado do mundo. Se a parte teórica nem parecia tão desafiadora para quem tinha juntado tanta informação de vários cursos anteriores, a prova prática estava longe de ser uma experiência suave e relaxante.

No penúltimo dia de curso, os alunos eram levados a uma estação de esqui cross-country nas montanhas da Nova Zelândia. O grupo fazia uma longa trilha e tinha como desafio sobreviver a uma noite de temperaturas abaixo de zero. Detalhe: sem barraca. Para evitar o congelamento, o grupo tinha como opções fazer um iglu ou cavar um buraco para escapar da terrível sensação térmica agravada pelo vento. Sem prática em arquitetura esquimó, Gabriel optou pelo buraco. E não daria para rotular como de sucesso a performance noturna.

Talvez por não ter ajustado corretamente luvas, casaco, meias e botas, Gabriel acabou molhando mãos e pés. Nessa temperatura, foi a senha para um princípio de congelamento de extremidades. Só não teve maiores problemas com os dedos de pés e das mãos porque foi socorrido pelo instrutor, que tinha uma barraca para emergências como essas. Virou chacota no grupo, o brasileiro desajeitado que vinha de um país tropical. Mas não perdeu o bom humor, pelo contrário. O frio seguia instigante, bastava compreendê-lo e não cometer erros. O episódio seria a semente para uma viagem no ano seguinte.

A corrida entrava na rotina em um primeiro momento mais como uma manutenção da forma física para as semanas de snowboard do ano. Sua personal trainer, Vera Natalini, era corredora e acabou o estimulando a aumentar as distâncias. Os amigos do Monte Líbano o convidaram para uma provinha de 5 quilômetros organizada pelo clube. Nunca tinha participado de corrida alguma, experiência zero no assunto. Sua treinadora recomendou cautela, que se guiasse pelos batimentos cardíacos mostrados no relógio Polar. Só havia um detalhe: Gabriel era bradicárdico; por mais que aumentasse a velocidade e o esforço, o ponteirinho da frequência cardíaca mal se mexia.

Na corrida do Monte Líbano, quase estragou a prova dos companheiros de clube que o acompanhavam e esperavam um trote leve do estreante. Acabou com a fadiga do "quero mais". Aquilo era divertido, não se tratava apenas de manutenção para algum outro esporte. Estava com a boa sensação do *endurance*, dopaminas agindo no cérebro e proporcionando prazer. A corrida oferecia o desafio da performance, Gabriel percebia que estava se conectando a uma estimulante modalidade esportiva. Quando haveria a próxima corrida mesmo?

Em um primeiro momento, se contentou em correr nos eventos do clube. Mas aí vieram os convites, o circuito da Track & Field na capital paulista, corridas noturnas, tudo aquilo ficava mais e mais interessante. Na virada de 2015, emendou a já tradicional semana de esqui no Colorado com uma viagem para a Disney em Orlando com a mulher e a filha. Logo descobriu que havia uma meia maratona pelos parques da Disney. Será que teria capacidade para correr 21 quilômetros? "Gabriel, fôlego você tem, já está treinando fácil 10, 12 quilômetros, só precisa ir dosando, sentindo o corpo", disse sua treinadora, Vera. Partiu Orlando.

Ao começar a prova, porém, descobriu que não era tão simples. Milhares de pessoas na largada não estavam lá necessariamente para correr, mas para participar do evento. Muita gente sem a menor condição de correr nem completar aquela distância de maneira saudável. Como era uma prova que requeria tempos de provas anteriores para classificação no "curral de largada", Gabriel se estrepou, pois nunca tinha feito uma meia maratona. Largou no último pelotão. Essa turma "fora de forma" já caminhava nos primeiros metros, Gabriel foi fintando os caminhantes pelo acostamento, na estrada entre os parques, mas estagnou quando entrou no castelo da Cinderela, um dos pontos icônicos da Disney. O que era para ser um desafio esportivo se transformava numa grande sessão de selfies para as redes sociais. Pensou até em desistir no meio do caminho, mas seguiu e completou a meia maratona em mais de duas horas. A frustração sentida pelo ritmo quebrado na prova foi trocada pelo prazer do *endurance*. Tinha gostado da sensação do esforço prolongado, a maior distância tinha muito a ver com ele.

Precisava de um novo desafio, uma nova meia maratona. Ouviu falar de uma prova curiosa, o próprio nome já era música para um esportista aventureiro: Meia Maratona do Sol da Meia-Noite. A corrida aconteceria em junho de 2016 na cidade portuária de Tromsø, ao norte da Noruega. Em função da inclinação da Terra em relação ao plano da órbita, a luz do sol chega aos polos praticamente de forma perpendicular. Traduzindo para um português inteligível, no verão de Tromsø o sol invade a noite, o dia nunca termina...

Largar às dez e meia da noite e chegar por volta da meia-noite, sempre com sol, já seria um atrativo e tanto. Mas as paisagens do lugar turbinavam o pacote. Montanhas com picos nevados, lagos. Sim, era essa a meia maratona que queria fazer. O problema é que o "desgaste de material" já se fazia sentir. A artroscopia feita seis anos antes no quadril direito tinha um prazo de validade, e Gabriel sabia que estava se aproximando dele rapidamente. As dores não davam trégua, uma nova prótese agora no quadril direito era inevitável. Inevitável, contudo, não era sinônimo de inadiável. Dava para empurrar alguns meses a cirurgia e correr Tromsø antes. Para tanto, precisou fazer uma injeção de ácido hialurônico com cortisona para lubrificar a região do quadril e conter a dor. Sabia que era um paliativo, depois faria o que precisava ser feito. Queria se premiar, fazer algo épico antes de entrar na faca e partir para uma longa recuperação.

Embarcou para Tromsø com alegria e ambição. Alegria porque a dor estava sob controle, foi possível treinar sem grande sofrimento. Ambição porque não bastava correr, queria bater seu recorde na distância e baixar as duas horas na meia maratona. Estava preparado, animado, talvez até demais. Na feira da prova, pegou o kit e os brindes da organização. Um deles era um sachê de carboidrato que nunca tinha provado. Teve a ideia de economizar seus sachês conhecidos e testados para usar o brinde. Antes da metade do percurso, e as primeiras cólicas já apareciam. Quem não aparecia era o banheiro para tentar resolver a questão. Teve que reduzir o ritmo, caminhar, completou a meia maratona furioso em 2h20min, frustrando o plano de ser um sub-2h. A fúria durou pouco, logo estaria rindo do próprio "sangue árabe", tentando economizar alguns trocados e desperdiçando o treino de meses.

Antes de voltar ao Brasil, emendou mais uma semana de esqui. E aí percebeu que a gambiarra do ácido hialurônico já não dava mais conta. Mal conseguia carregar a prancha de snowboard. O quadril direito implorava, precisava logo de uma prótese. Sua vida esportiva iria mudar, e não necessariamente para pior.

6

AS MONTANHAS

O INFERNO ERA ALI, NAQUELA SALINHA APERTADA do Centro de Traumatologia do Esporte da Escola Paulista de Medicina, na Vila Mariana. O cubículo havia sido feito com paredes de acrílico transparente para que a sensação não fosse tão claustrofóbica. Na sala, funcionava uma câmara hipóxica que simulava a altitude de 4 mil metros. Era como se quem entrasse na saleta estivesse saindo do avião e desembarcando diretamente na altitude boliviana de La Paz. Naqueles três metros por três metros com jeitão de box de banheiro, a esteira ocupava boa parte do espaço. Os voluntários entravam e sentiam o primeiro desconforto do ar rarefeito. Mas iria piorar na sequência. O médico e o fisiologista colocariam no incauto uma desconfortável máscara para fazer o teste ergoespirométrico, e tudo ficaria mais duro quando a velocidade de corrida fosse digitada no painel da esteira. Correr na altitude simulada de 4 mil metros era quase um ato masoquista.

Gabriel Ganme era, no caso, o chefe do departamento de sadismo. Um sádico, diga-se, cheio de boas intenções. O ano era 2018 e ele estava fazendo sua tese de mestrado tentando usar os testes de VO_2 para prever os males da altitude. O teste de VO_2 mede a capacidade aeróbica do indivíduo e é um importante parâmetro para treinar atletas profissionais e amadores. No projeto de Gabriel, ele punha pessoas nessa câmera hipóxica e depois veria a relação desses resultados com os sintomas sentidos em exercícios reais na altitude. Todos sentem de alguma forma os efeitos da altitude, a questão era constatar se as pessoas que tinham maior queda de VO_2 na câmara hipóxica seriam proporcionalmente mais suscetíveis ao mal da montanha. Problema era encontrar os tais voluntários que pudessem ser testados e depois fossem efetivamente para a alta montanha se exercitar.

Karina Oliani era uma médica de emergência que se notabilizou por virar alpinista, mergulhadora e aventureira, e passou a contar todas essas experiências em vídeo. Logo foi descoberta por programas de TV e chegou até a estrelar um quadro no programa *Fantástico*, da Rede Globo. Karina concluiu a formação de instrutora de mergulho com Gabriel quando ainda tinha dezoito anos. A médica prontamente se comprometeu a ajudá-lo no recrutamento de voluntários que pudessem participar do estudo antes de ir para expedições ao Himalaia. Seria tudo perfeito se houvesse um número suficiente de pessoas para embasar um trabalho científico. Não havia.

A solução veio quando Carlos André, professor da Unifesp e atleta de *endurance*, ouviu as queixas de Gabriel e lhe apresentou uma tal de El Origen. Essa prova acontecia todo mês de março no Chile e era uma ultramaratona de montanha. O melhor de tudo era que muitos brasileiros, ao menos trinta, estavam inscritos. Se topassem, seriam as cobaias, quer dizer, os voluntários, perfeitos para a tese. Não foi difícil convencer o pessoal, atletas também gostam de saber mais sobre suas habilidades e fragilidades físicas. Gabriel tinha as pessoas, o equipamento da Escola Paulista de Medicina, só precisava comprar a passagem para a região de Portillo e acompanhar in loco os efeitos da altitude quando os voluntários estivessem competindo.

El Origen é daquelas provas duríssimas em que os atletas se esforçam muito para ir e rezam para acabar logo. O formato original tinha duas distâncias, 50 ou 100 quilômetros por pisos variados e um sobe e desce danado. Caminhos pedregosos, rios para atravessar, trilhas de mula, pontes, um pouco de tudo. Para atrair corredores iniciantes, os organizadores criaram também uma prova de 36 quilômetros, só que em três "suaves prestações" de 12 quilômetros diários.

Para o estudo, a altimetria de até 3.600 metros funcionava perfeitamente. Ao chegar em Portillo, porém, Gabriel decidiu que queria ver tudo de muito perto. Se inscreveu na "provinha" de três dias e partiu. Quase se esqueceu da razão daquela viagem. As paisagens, o desafio das subidas, a camaradagem entre os corredores conversando e se ajudando, a experiência toda era fascinante. O estudo foi completado e ficou provada a suscetibilidade direta dos testes de VO_2 ao mal agudo da montanha. A diminuição da capacidade aeróbica na simulação de altitude era um indicador do que aconteceria com cada indivíduo quando chegasse na alta montanha. A tese foi defendida e aprovada. Mas quem também estava aprovada com louvor era a montanha, melhor dizendo, a corrida de montanha. O El Origen foi apenas a primeira de muitas outras provas que apareceriam no ano seguinte.

A experiência no El Origen só foi prazerosa e possível porque um ano e meio antes Gabriel tinha tomado uma decisão importante. Em agosto de 2016, partiu para sua segunda prótese de quadril, agora do lado direito. Dessa vez havia optado pela chamada prótese de superfície, a *resurfacing*. Na realidade, quando colocou a primeira prótese total do lado esquerdo, em 2004, Gabriel já sabia dos benefícios da *resurfacing*, bem mais leve, indicada para esportistas. Porém a técnica estava apenas começando e no Brasil não havia quem fizesse a cirurgia.

Os anos passaram e uns poucos estavam trabalhando com a *resurfacing*. O ortopedista Antonio Carlos Bernabé era um deles. Explicou que normalmente colocava a versão de porcelana, mas, desconfiando do estilo do paciente, achava melhor o titânio: "Se boto porcelana, conhecendo o seu jeito, você vai trincá-la rapidinho". Gabriel sentiu firmeza e topou. Não se arrependeu. Recuperação rápida, na verdade, rápida até demais...

Um mês após a cirurgia, Gabriel não resistiu quando viu a esposa se inscrever em uma provinha de 5 quilômetros com a irmã. Como assim? E ele não iria junto? Foi. Caminhou os 5 quilômetros, terminou feliz o desafio e perdeu o fisioterapeuta, que soube da travessura e desistiu do paciente. Estava evoluindo rapidamente, só que mancava. Foi fazer um teste de mecânica da corrida e descobriu a causa. Próteses de diferentes técnicas resultaram numa diferença considerável de dois centímetros de um lado para o outro do corpo. Uma palmilha resolveria bem a questão. Outro problema eram as dores que apareciam quando aumentava o volume de exercício. A culpa aí não era do quadril, nem das próteses. Mais investigação para descobrir que a questão era muscular, havia uma diferença grande de força nos dois lados do corpo. O lado esquerdo, da primeira prótese, muito mais forte. O amigo Ricardo Ghirlanda entrou no circuito outra vez. Com um trabalho de fortalecimento, conseguiu equilibrar os dois lados.

Dos 5 quilômetros caminhando para os 10 quilômetros correndo foi um pulo. Seguia usando os treinos de corrida e fortalecimento basicamente para estar bem preparado para as semanas de neve. Isso até a experiência do El Origen. A corrida de montanha trazia outros elementos. Não era só a questão física. Havia estratégia para dosar a energia nas subidas ou descidas. Quando caminhar, quando acelerar? Tudo era aprendizado. Descer em velocidade reduzia o tempo de prova, mas como fazer isso em segurança sem riscos de quedas? Além dessa parte técnica da corrida de montanha, havia o clima entre os participantes das provas. A solidariedade é a marca registrada da modalidade. Incentivar quem está prostrado, ajudar os que temem trilhas íngremes, conversar. A montanha não era apenas um desafio de performance, era um tema espiritual.

Após os três dias de El Origen, precisava de uma nova experiência. Ouviu falar de uma prova na Argentina, em Mendoza. O circuito Indomit é uma invenção de um inquieto vendedor argentino chamado Juan Assef. Sedentário, Juan comercializava cerâmicas da região de Santa Catarina. Nessas viagens descobriu a região de Bombinhas, as praias, as montanhas. Começou a correr, explorar trilhas, largou tudo, se mudou para Santa Catarina e decidiu criar a K42 de Bombinhas, uma das maratonas de montanha mais lindas do planeta.

O sucesso de Bombinhas abriu caminho para a criação de um circuito de montanha mais amplo pelo Brasil e pela Argentina. A região de Mendoza, com paisagens espetaculares e múltiplas possibilidades de trajetos pelas montanhas, era perfeita para sediar provas. E foi a Indomit Mendoza que apareceu na frente de Gabriel. A corrida iria ser um tremendo aprendizado.

Em primeiro lugar pela distância. Percorrer 36 quilômetros em três dias é bem diferente de fazer uma meia maratona de uma só vez. O grau de dificuldade era bem maior. Em segundo lugar, pelas peculiaridades das provas de montanha. Em um circuito de rua plano, o percurso é medido por equipamento de precisão instalado em uma bicicleta. Na montanha, nada é tão preciso. Para desviar de um rio, de uma depressão, de árvores, voltinhas são acrescentadas, e o corredor paga o esforço com juros e correção métrica. Esgotado no quilômetro 19, Gabriel passou por um ponto de hidratação. Faltavam, em tese, apenas mais dois, tomaria água na chegada. Quando bateu no 21, descobriu que tinha mais três ou quatro quilômetros para o fim. O fiscal de prova sugeriu voltar ao 19, se a sede fosse insuportável. Gabriel, obviamente, seguiu em frente, mas aprendeu a lição: jamais ficar na montanha sem uma reserva de água, melhor não confiar nas indicações de distância dos organizadores.

Ele estava pronto para novas aventuras nas montanhas e queria também correr mais uma vez em Tromsø, mas dessa vez uma meia maratona polar com promessa de aurora boreal na Noruega. Os planos mudaram em agosto de 2018. O casamento com Sabrina estava terminando e a rotina da família seria também modificada. Gabriel sabia que casamentos terminavam, separações aconteciam. O que descobriu foi que não estava preparado para viver sem a filha em tempo integral. Tinham a guarda compartilhada, na metade do tempo ficava com Luiza. O problema era a outra metade. A tristeza era constante, foi perdendo a vontade de sair, de fazer exercício. Entrou em um perigoso estado de letargia. Estava mergulhando numa depressão. Ao menos percebeu a tempo de pedir ajuda. Consulta, terapia, remédios. A medicação fazia pouco efeito e, pior, trazia pesados efeitos colaterais. Tinha uma arritmia que só teria diagnóstico definitivo anos mais tarde.

Foi o momento de comprovar outros poderes da atividade física. Havia aprendido desde cedo com o pai que fazer esportes era algo fundamental e inegociável.

O que sempre foi lazer e fonte de prazer agora assumia outra função. Correr era um estupendo remédio natural. Quanto mais corria, menos problemas tinha. Em outubro de 2018, num fim de semana em que a filha estaria com a mãe, inventou de correr a meia maratona de Punta del Este. Um erro. Foi castigado pela ventania na prova. Não conversou com ninguém, achou que ia espairecer em um pôr de sol na Casapueblo, a antiga residência do artista uruguaio Carlos Vilaró que fica aberta à visitação. Quando o sol se escondeu no mar, Gabriel não viu beleza alguma, apenas melancolia. Sua vida estava mais para crepúsculo do que para alvorada.

Iria sozinho para a meia maratona polar em dezembro e encontraria depois a filha para esquiarem na França. Passou sozinho o réveillon indo para a Europa em um avião da Lufthansa. Tinha quatro dias em Tromsø antes da prova, quatro dias difíceis. A cidade portuária no inverno polar oferece umas poucas horas de luz do dia e mesmo assim um lusco-fusco. Para quem vinha de depressão, pior cenário não poderia haver.

Foi treinar e viu que teria problemas com o piso. A neve no chão tinha congelado e era impossível parar em pé com calçados convencionais. Os noruegueses usam o *nordic grip*, uma capa emborrachada com preguinhos que "veste" o calçado e impede tombos. Parar em pé cobrava um preço, no entanto. A corrida ficaria travada, muito mais lenta. Gabriel precisou de quase três horas para completar a sofrida meia maratona.

Não era só o piso, o *nordic grip*, havia o corpo dizendo "não". Tinha dificuldade para se entender com as roupas. Sentia frio, pegava mais um agasalho na mochila, suava, tirava o agasalho, sentia frio de novo. O ciclo parecia interminável. A cabeça seguia péssima. Não sabia o que estava mesmo fazendo ali, qual o propósito. Terminada a prova, se hospedou em uma região pouco iluminada perto de Tromsø, ideal para contemplar a aurora boreal. As coisas começavam a mudar. Resolveu conversar consigo mesmo escrevendo uma poesia:

Olhando no espelho d'água
Pude ver o meu reflexo
As rugas, as cicatrizes
De um ser desconexo
Corpo e alma se separando
Corpo nos seus momentos finais
Alma buscando algum sentido
Deste epílogo se aproximando
Então busco sementes que plantei
Amores que deixei
Amores que me deixaram
Pois fui amado e amei
E encontro seu sorriso

Seu reflexo, meu abrigo
Sua luz, seu calor
Que me alivia qualquer dor
E vou em paz, meu amor

Osmond of Kastlegard, o Poeta Nórdico Depressivo
Traduzido de *Contos da noite*

Gabriel estava brincando com a situação toda. Publicou sua poesia no Instagram inventando o poeta norueguês. Com a poesia e a aurora boreal, Gabriel estava deixando os seus demônios na Noruega. Precisava reagir, uma das primeiras providências foi prometer a si mesmo que voltaria ali com a filha, em outras circunstâncias. Exatamente dois anos depois estaria mesmo em Tromsø.

Voluntário do estudo na câmara hipóxica com os doutores Filipo Saviolli e Fernando Salles.

7

O CORAÇÃO VALENTE

A ESTAÇÃO SOUTHFIELDS NÃO CHEGAVA NUNCA. Dentro do trem, dois brasileiros com experiências de vida bem distintas. Gabriel, o filho, já tinha corrido o mundo de norte a sul, de leste a oeste, viajando a trabalho e a lazer. Anis, o pai, fazia apenas a sua segunda viagem à Europa. A ansiedade da dupla, porém, era semelhante. Ambos estavam realizando um sonho acalentado em muitas conversas do passado. Haviam desembarcado na véspera em Londres para a segunda rodada do Torneio de Wimbledon de 2008. Ambos eram apaixonados por tênis, tinham a exata dimensão de que aquele não era somente um dos quatro torneios do Grand Slam. Era o melhor, o mais tradicional, o diferente. O único disputado em quadra de grama, o único que mantinha a exigência de tenistas jogando com roupas brancas, o mais antigo torneio de tênis, criado em 1877.

E nada de Southfields chegar. Já tinham saído do centro de Londres, entrado em uma região mais rural, o tempo demorava a passar. A ideia tinha sido de Gabriel, o pai relutou, mas não muito. Passara a vida viajando pouco, o enfisema da mulher não recomendava deslocamentos. Além disso, o descendente de árabes investia na educação dos filhos e economizava com ele mesmo. Enfim, chegaram. Mais quinze minutos de caminhada até chegar ao "Vaticano do tênis", o All England Lawn Tennis and Croquet Club. Tinham os ingressos para a quadra central, a programação era espetacular para quem amava tanto esse esporte.

O suíço Roger Federer encarava o sueco Robin Söderling. Ver de perto a categoria do já número 1 do mundo foi demais, 3 × 0 sem qualquer chance para o sueco. Achavam que seria o ponto alto do dia, mas não foi. Veriam a zebra Marat Safin despachar o número 3 do mundo, o sérvio Novak Djokovic. O russo Safin, rival indigesto anos antes do brasileiro Gustavo Kuerten, já estava em sua curva descendente, poucos imaginavam que pudesse tirar o favorito também em três sets diretos. Naquele dia, tirou Djokovic do sério.

Gabriel percebeu o brilho nos olhos do pai. Na pausa para os inevitáveis morangos com chantili, pedida obrigatória em Wimbledon (o diabético Anis teve que dispensar o chantili), veio a frase: "Filho, não preciso mais viajar". Para alguém sempre contido nas emoções e nas palavras, era um profundo agradecimento. Nenhuma outra viagem poderia ter a força daquele dia ensolarado na Inglaterra.

O tênis era a maneira de consolidar a fratura das relações familiares. A partir do momento em que abdicou da medicina para mergulhar numa aventura desconhecida, Gabriel deixou de ser o filho que pais sempre dão um jeito de enfiar nas conversas com amigos. Falar sobre torneios, sobre saques e voleios, era a forma que encontravam para se aproximar. Se não conseguiam discorrer sobre temas profissionais sem reabrir feridas do passado, a resenha esportiva era algo espontâneo, extremamente agradável. A aventura de Wimbledon foi ótima nesse sentido. A decisão de se desfazer dos negócios de mergulho nos anos seguintes e voltar para a medicina foi outro passo importante nesse processo de reconciliação. Mas foi em fevereiro de 2019 que a relação alcançou um outro patamar.

O auditório na Vila Mariana do Centro de Traumatologia do Esporte da Escola Paulista de Medicina não estava lotado. Apenas professores, outros alunos do mestrado e uns poucos convidados estavam ali para ver a apresentação da tese de nome empolado: *Exposição aguda na câmara hipóxica como preditivo do mal agudo da montanha*. O dono do estudo parecia bem pouco à vontade para o ofício. Enfiado em um terno escuro, com uma gravata torta, na frente de um púlpito, Gabriel começou a apresentação hesitante, desconfortável. Logo se lembrou do que precisava fazer, afinal havia treinado antes com professores. Tinha que explicar algo complexo para quem não tinha intimidade no tema. Era bom nisso, passara anos mostrando a aprendizes como mergulhar, explicando absorção de gases no corpo, dando noções fundamentais de segurança para quem dependeria desses ensinamentos para sobreviver no fundo do mar ou de uma caverna.

Sabia fazer isso. E, pensando bem, nem era tão complicado assim o seu estudo. Tinha botado voluntários correndo numa esteira em uma salinha simulando 4 mil metros de altitude e os dados resultantes serviriam para provar que esses cabras iriam comer o pão que o diabo amassou quando estivessem se exercitando na altitude. O estudo era claro e útil, poderia ajudar atletas a se preparar melhor muito antes. Conseguiu se expressar com fluidez nos vinte minutos que tinha. O problema foi no encerramento. Agradeceu os professores e seu orientador, Benno Ejnisman. Estava indo bem até mencionar um dos convidados. Anis Ganme, noventa anos e trajado elegantemente com calça e camisa social listrada, estava sentadinho na plateia. Já não era mais o sujeito amargurado pelas opções de vida do filho, agora era o orgulhoso pai de aluno. Gabriel tentou ler o que havia escrito, o choro o travou. Foi salvo pelo chefe da cadeira, Carlos Vicente Andreoli, que, com sensibilidade, tomou a palavra e ainda relembrou antigas histórias de Anis. Andreoli conhecia bem o velho médico. Pai e filho estavam definitivamente reconciliados.

Em paz com o espírito, o corpo trabalhava pesado. Os sinais de depressão diminuíam à medida que aumentava a quilometragem de treinos. A separação, aos poucos, vinha sendo superada. Ajudou no processo o namoro com uma amiga antiga do mergulho que agora morava em Curitiba. Além de se identificarem pelo mergulho, ela também corria, e forte. Em vez de baladas, meias maratonas. Fizeram juntos as meias de Santiago, de Curitiba, de Foz do Iguaçu. As duas últimas, bem mais desafiadoras, com altimetria inclemente. Depois, caiu na conversa de sua personal trainer, Cheny Luizetto, que o convenceu a fazer uma idílica provinha de montanha. A Ecotrail da ilha da Madeira era linda mesmo, só que não merecia a classificação de "provinha". Gabriel ainda brigava com dores no quadril, consequência da falta de fortalecimento muscular, principalmente do lado direito. Escolheu a distância mais comportada, quinze quilômetros, para não exagerar no esforço. E a prova, apesar do nome, não era exatamente de trilhas, mas repleta de escadarias e becos. Maravilhosa no visual, cruel na altimetria. E rendeu um post no Instagram intitulado "Escadas de madeira":

> Trilhas são de pedra, areia e lama. Escadas são de madeira.
> Descobri isso numa corrida de montanha, ou melhor, de escadas.
> Como os obstáculos da vida. Você sobe a um cume, e descobre uma baita ladeira abaixo. Chega ao fundo da ladeira (ou poço), e descobre que, para sair de lá, tem uma baita escadaria.
> A corrida foi simbólica para mim. Você deveria fazer algo assim um dia. Te faz lembrar que a vida é assim, com altos e baixos. E nada vem de graça. Tem de lutar o tempo inteiro.
> E aquela prazerosa dor que vem ao final de um cume tem de compensar a triste falta de esforço de cada ladeira abaixo. Porque, no final desta, se você relaxar, não sai do "buraco".
> A vida não é uma meta final, mas sim uma longa caminhada.
> *Enjoy the ride.*

No ano seguinte, 2020, queria comemorar seus 60 anos. Pretendia programar algo especial. Quem sabe uma maratona, talvez voltar a Tromsø para contemplar a aurora. Ou programar uma viagem só com a filha.

Resolveu fazer tudo, começando pela Escandinávia. Tinha adorado o povo norueguês, de forma alguma frio, como o senso comum sugere. Nas duas viagens anteriores, só colheu simpatias. Pessoas atenciosas, ainda que não expansivas. A viagem com Luiza entrou no rol das grandes experiências de vida. Viram a aurora, ficaram em silêncio, se divertiram.

O projeto maratona mirou Berlim, em setembro, uma das seis *majors,* ao lado de Nova York, Boston, Chicago, Tóquio e Londres. Mas antes precisava ver como estava de fôlego para estimar o ritmo que poderia sustentar na prova. Procurou Fernando Salles, um fisiologista que havia sido fundamental em sua tese de mestrado. A Escola Paulista de Medicina não dispunha do equipamento para fazer o exame ergoespirométrico, e Fernando conseguiu um. Mais do que isso, ao lado do cardiologista Filippo Savioli, acompanhou todos os testes dos voluntários na câmera hipóxica, ficando horas exposto a uma altitude simulada de 4 mil metros. O resultado foi que teve sintomas do mal da montanha como dor de cabeça e náusea... sem sair da cidade de São Paulo.

Com Gabriel, o exame deveria ser rápido e tranquilo. Porém foi tenso, muito tenso. Esteira ligada, mesmo com duas próteses, ele chegou a 15 quilômetros por hora com 15 graus de inclinação. Mas o painel registrava perigo iminente. A cada dois batimentos do coração, uma extrassístole. Fernando enfiou a mão na esteira e parou o teste. "Olha, você está muito bem condicionado, seu VO_2 está acima de cinquenta, (resultado excelente para alguém na faixa dos sessenta anos). Mas é muita extrassístole. Vá procurar já a sua cardiologista", disse Fernando.

Gabriel seguiu as ordens e sua cardiologista indicou imediatamente um arritmologista. O médico recomendou reduzir bastante a atividade física e foi rebatido na hora por Gabriel. "Engraçado, quando o paciente sedentário chega aqui vocês mandam praticar esporte. Quando já é alguém que faz esportes, vocês mandam parar." Os dois riram, precisavam de outra solução. Tentaram uma série de medicamentos, foram na base de tentativa e erro.

Não era só o coração de Gabriel que batia estranho, o planeta pulsava de uma forma jamais vista com a descoberta de uma estranha doença. A onda veio varrendo o mundo, primeiro China, depois Itália. Em março de 2020, o vírus carimbou seu passaporte no Brasil. A pandemia foi um atraso de vida com todas as suas consequências. Além das centenas de milhares de mortes, das inúmeras pessoas que carregam até hoje sintomas de covid longa, a paralisia das atividades. Eventos cancelados, academias fechadas, pessoas trancadas em casa. Até pelo desconhecimento de um vírus poderoso, as primeiras medidas igualaram ambientes fechados e abertos, desconsiderando a importância da atividade física até para evitar outras doenças.

Na prática, Gabriel quase entrou em parafuso com as restrições. Sabia exatamente a importância do distanciamento, do uso de máscaras e se colocou como voluntário para atender nos hospitais de campanha montados na emergência da pandemia. Não foi aceito pela idade, sessenta anos entrava na faixa de risco. Entendia tudo, até combatia negacionistas por redes sociais, só não concordava com a restrição de atividades ao ar livre, justamente a profilaxia de que todos precisavam.

Com parques fechados, grupos de corrida hibernando, resolveu se virar. O jeito era pedalar. Tinha um amigo que estava fora do peso e precisava muito se exercitar. Nem ele nem Fábio Khouri eram ciclistas da pesada, mas percorreram São Paulo inteira pedalando. À medida que as restrições da pandemia recrudesciam, apareciam outras possibilidades. Souberam de um grupo chamado One Bike Hub, que organizava pedaladas nas proximidades de São Paulo. O dono, Ricardo Gaspar, era um apaixonado pelo esporte, pela natureza. Mais do que isso, uma pessoa divertida, cativante. Valia a pena pedalar com eles.

Gabriel não sabia brincar, já estava à procura de equipamentos melhores, de olho na própria performance. Muitos anos antes teve uma casa em Campos do Jordão e uma mountain bike. O esporte, na época, não o pegou, vendeu a casa com a bicicleta junto. Agora era diferente. Estava inscrito na Maratona de Berlim, mas já sabia que não ia dar certo, a prova havia sido cancelada. A corrida dava um tempo, o assunto agora era bike. Soube de um carnaval ciclístico no Jalapão, no Tocantins. Ah, era pra lá que iria. Não demoraria a descobrir que estava colocando o bloco na rua em lugar errado...

Não faltavam belezas naturais no Jalapão, lugar maravilhoso para visitar. Mas talvez não fosse o lugar perfeito para... pedalar. O problema nem era a altimetria, aliás, nunca seria para Gabriel, subida era com ele mesmo. O desafio era o piso, areia pura. O pedal não rendia, por maior que fosse o esforço. Chegar até lá também foi perrengue master blaster. Os 200 quilômetros entre Palmas e o Jalapão eram normalmente vencidos em seis horas numa camionete 4×4. A empresa que organizava o carnaval, porém, decidiu economizar nessa linha de custo da planilha: ônibus neles. Não um ônibus qualquer, mas um caindo aos pedaços. Após dezessete horas de viagem, estavam parados na beira da estrada com o veículo quebrado. Só aí o dono da empresa, na iminência de um motim dos ciclistas que tinham pagado caro pelo passeio, acionou vans 4×4 para o resgate dos revoltosos.

Estava cada mais envolvido com o ciclismo. Foi marcante, por vários aspectos, o treino que fez em abril de 2021 na região de Piracaia e Nazaré Paulista, interior de São Paulo. Era um percurso pesado, cerca de 80 quilômetros com 1.800 metros de subida altimétrica. Mesmo os mais fortes do grupo estavam empurrando bicicleta e fazendo força para não ir para trás. Algumas subidas só eram vencidas pelo carro de apoio engatando a marcha a ré. Gabriel estava se sentindo poderoso, vencendo a gravidade apenas no pedal. Logo no início do percurso, um susto. Uma companheira de treino passou mal, pressão no peito. O médico conhecia o seu histórico, família de cardiopatas, perigo. A frequência e a sudorese pareciam normais para o esforço e para o calorão do dia. Pararam, descansaram, ela voltou ao normal. No meio do nada, Gabriel se deu conta de que teriam problemas se algo mais sério tivesse ocorrido naquele instante. Ele era o médico do grupo, sabia como agir. Mas se não estivesse ali poderiam ter problemas, já que não existia um protocolo bem estabelecido para emergências.

Em outro treino, na região de Itatiba, o assunto ficou ainda mais sério. Um destemido do grupo acelerou demais numa descida, decolou numa lombada e aterrissou de cabeça. O capacete se rompeu em quatro partes, tombo horroroso. Gabriel, que estava mais para trás, chegou logo depois do acidente. Alguns motociclistas de trilha fizeram um bom primeiro atendimento antes de Gabriel fazer o rápido inventário, já percebendo o estrago da queda. O *mountain biker* teve uma convulsão e depois, agitado, já queria se levantar. O médico não deixou, o manteve imobilizado, examinou a coluna cervical, fez o checklist dos movimentos. Ele mexia mãos, pés, o problema era outro. "Onde eu estou, por que estou com essa roupa?" Diagnóstico clássico de concussão, ele precisava ser rapidamente removido dali para uma bateria de exames. Podia ser grave, ele corria risco de morte. Chegou a van de apoio e Gabriel achou melhor não o transportar de qualquer jeito, o correto era chamar uma ambulância do Samu. E o sinal de celular, quem era capaz de achar um?

O impasse estava posto. Não havia alternativa boa, apenas uma menos ruim. Colocaram o acidentado na van do jeito menos prejudicial possível, andaram até achar o sinal de celular. Seria uma hora para a ambulância chegar. Muito tempo para um paciente que apresentava sinais de piora. Um capiau da região que havia se aproximado da van parada avisou que havia uma Unidade de Pronto Atendimento (UPA) a dez minutos dali. Foram vinte minutos sentados na UPA à espera do atendimento.

Gabriel protestou, falou da gravidade e da urgência do caso. Concussão, traumatismo craniano, ele precisava ser removido logo para um hospital. A jovem médica prescreveu "repouso" e aí o clima azedou. Em alguns minutos, Gabriel já estava expulso da UPA, com direito a segurança na porta para que não entrasse de volta. Gabriel conseguiu o telefone da família e assim começou a operação resgate. Foram quatro horas até que chegasse a um hospital particular e passasse pela bateria de exames. Para a sorte de todos, não houve sequelas. Vida normal para o ciclista. Ficou, porém, a inquietação na cabeça de Gabriel. Ele precisava fazer algo, estava todo fim de semana se metendo em áreas remotas para pedalar e percebia que ninguém estava preparado para acidentes.

    O primeiro passo foi checar se havia equipamentos adequados com as equipes de apoio das pedaladas. Convenceu a turma a garantir o mínimo no quesito dos primeiros socorros. O segundo passo foi no sentido de compartilhar conhecimento.

    Conseguiu montar sessões de treinamento em primeiros socorros para a turma, tinha experiência nisso. Fizera no passado cursos na Inglaterra e na Nova Zelândia. Como diretor da PADI, também era especialista em segurança do mergulho. Para quem se aventurava fazendo esporte em locais pouco acessíveis, era fundamental saber o que fazer nas emergências. Queria ensinar os conceitos básicos de autoatendimento (o ciclista, afinal, pode estar sozinho) e noções básicas para ajudar alguém do grupo. O sujeito sofre uma queda e tem um sangramento intenso. Adianta colocar uma gaze no local e ir trocando o material molhado por outras gazes secas? Apesar de o senso comum até sugerir que sim, é inútil fazer isso até que o próprio corpo estanque o sangramento por coagulação do sangue. A resposta certa é ir sobrepondo camadas de gaze até que a coagulação resolva. Instruções mais ou menos complexas eram ministradas assim na "escolinha do professor Gabriel".

Seguia pedalando, mas incomodado com a arritmia. Era contraditório o que sentia. Estava forte, pedalava com vontade, o coração, porém, o sabotava com sua inconstância. O frequencímetro não compartilhava a sensação de ótimo condicionamento. Arritmia brava, extrassístoles acontecendo sem correspondência com a variação altimétrica. Ou seja, o coração não acelerava porque o esforço aumentava, acelerava porque... acelerava. Os remédios não funcionavam, sem falar nos efeitos colaterais. Usar betabloqueador sendo bradicárdico era uma encrenca. Baixar mais a frequência cardíaca de alguém que já tinha frequência baixa definitivamente não funcionava. Mais exames, e veio a recomendação de uma ablação. O procedimento é rápido, pouco invasivo, normalmente tranquilo. Finos cateteres são introduzidos por vasos sanguíneos para neutralizar as vias elétricas anormais do tecido cardíaco. Uma espécie de Ctrl-Alt-Del, um choque para desligar o sistema e, na volta, fazer o circuito funcionar melhor. Ao contar para pai sobre a ablação, Anis se preocupou e não gostou muito da ideia de seu filho fazer um "churrasquinho no coração". Para não estressar o pai, que já tinha coração frágil, não avisou que ia fazer a ablação. Só contaria mais tarde, quando tudo estivesse bem. Sua cúmplice foi a irmã, Maria Emília, que sempre o ajudava quando precisava esconder algum fato assustador do pai.

O procedimento no Hospital Sírio-Libanês foi inesquecível, por assim dizer. Acordado, veio o primeiro choque. Uma paulada, sensação de infarto, parecia que tinha um elefante montado no seu peito. Mesmo com todo o histórico de convivência com a dor, Gabriel sofreu. E tomou o segundo choque, o terceiro. Perguntou se haveria outros choques e ouviu um "muitos mais". Eram muitos os pontos de arritmia, aquele sofrimento não fazia sentido. "Compadre, me dá uma anestesia, acordado isso aqui não vai dar, não."

Ablação feita, o resultado: se não sumiram todas, as arritmias foram substancialmente reduzidas. Gabriel decidiu que não iria interromper a atividade esportiva, por mais que essa fosse a recomendação do arritmologista. Menos estresse físico, menos riscos. Ao mesmo tempo, menos esporte, menos felicidade. Acima de tudo era uma questão de postura diante da vida. Foi assim na decisão pela colocação das próteses, quando era mais jovem. Sabia que se empurrasse as cirurgias para mais tarde teria menos chance de precisar trocá-las por desgaste. Não, não iria botar o pijamão e se aposentar no sofá, de forma alguma, mas estaria muito mais alerta a todos os sinais do corpo e, principalmente, do coração.

Exatamente um mês após a ablação, já estava embarcando para Santa Catarina. Agora uma cicloviagem maior, de uma semana, pelo Vale Europeu. Nessas viagens, os ciclistas vão de uma cidade a outra acompanhados por vans. Estradas bem sinalizadas, trilhas, um respeitável desafio altimétrico, friozinho, alguma chuva, algo perto de 40 quilômetros de pedalada diária. O nome "Vale Europeu" não era exagero semântico. A região, colonizada principalmente por imigrantes alemães, é, de fato, uma pequena Europa. Em Pomerode, por exemplo, a maior parte da população de 35 mil pessoas fala alemão ou o "pomerano", um dialeto do norte da Alemanha.

Paisagem exuberante, subidas fortes, era tudo o que Gabriel mais gostava. Estava muito à vontade com os outros vinte ciclistas do grupo, o único senão era a atenção ao frequencímetro. Sua cardiologista tinha falado em um resguardo de três meses para o coração cicatrizar depois da ablação. O arritmologista foi menos conservador, recomendou um mês e respeito absoluto aos 130 batimentos por minuto (bpm) como frequência máxima. Claro que preferiu a orientação mais liberal ao retomar exercícios um mês depois da ablação.

Precisava, no entanto, ficar de olho no frequencímetro. E, em algumas subidas mais fortes, o bicho apitava mesmo. Descia da bicicleta e a empurrava, algumas vezes indo até mais rápido do que os companheiros de grupo. É bem verdade que Gabriel era bradicárdico, tinha uma frequência cardíaca mais lenta do que a média da população. Ou seja, a sensação de esforço era maior do que o baixo número sugeria. Os seus 130 bpm equivaliam, quem sabe, a uns 150 bpm para a maioria das pessoas. Além dessa natural bradicardia, reforçada pelo condicionamento físico de uma vida, tinha o chamado "coração de atleta" e dilatação atrial. Apesar de parecer saudável possuir um "coração de atleta", era justamente o contrário. Seu coração funcionava como uma usina de novas arritmias, Gabriel sabia que precisaria dobrar a atenção para não ter problemas futuros.

Seguiu com pedaladas mais curtas nos meses seguintes pelas proximidades de São Paulo. Isso até receber um telefonema no meio de uma manhã de novembro de 2021. O novo desafio não era esportivo, e seria muito mais importante do que todos os anteriores.

Curtindo as pedaladas do Jalapão, com a One Bike Hub.

8

Exploração de caverna submersa na República Dominicana.

Usando a técnica de sidemount na Cueva de Ganme.

Tubarão galha branca de olho nas nadadeiras coloridas.

Tubarão-tigre, meu pet predileto, gostando do flash da câmara fotográfica. Foto por Luis Fernando Kass Mwosa.

Tubarão-baleia nas Galápagos. Foto por Fabiana Fregonesi.

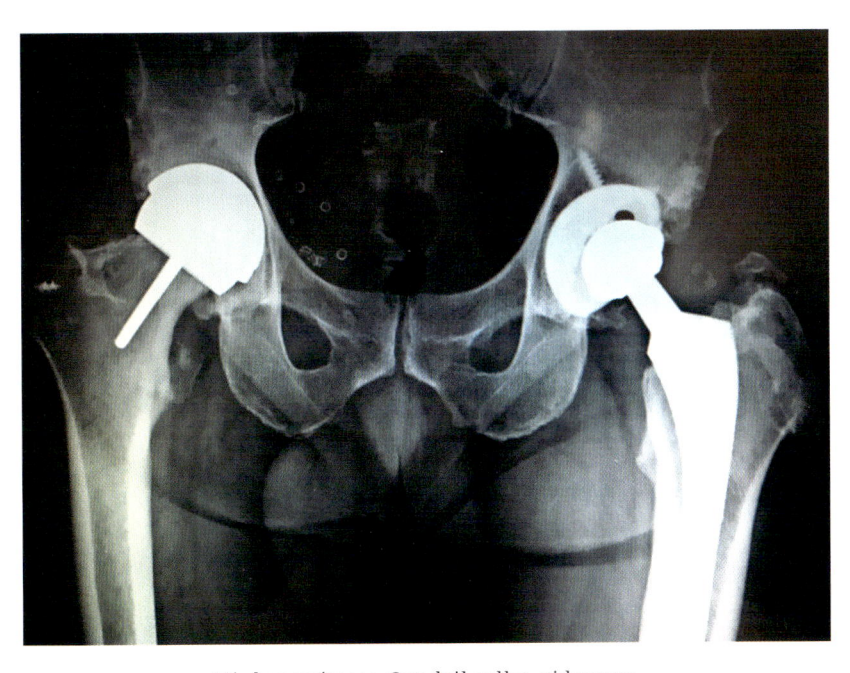

Minhas próteses. Quadril velho, vida nova.

Saltando no Valle Nevado. Foto por Diego Uranga.

Um freeride incrível no paredão de Santa Tereza.
Foto por Diego Uranga.

Uma ligação eterna.

Esquiando no Colorado.

Lulu seguindo os passos do papai.

Mais uma descida incrível.

Com meu pai, Anis, e meu orientador Carlos Andre Santos, na defesa de mestrado da Unifesp.

Meu pai, meu exemplo.

Defendendo a tese de mestrado.

Minha primeira corrida de montanha, no Aconcágua, onde fiz o estudo da minha tese de mestrado.

Chegada da Maratona Polar da Noruega.

Pedalando com Luiza nas montanhas do Colorado.

Na Serra Fina, uma prova extremamente difícil.

Pedalando no Jalapão.

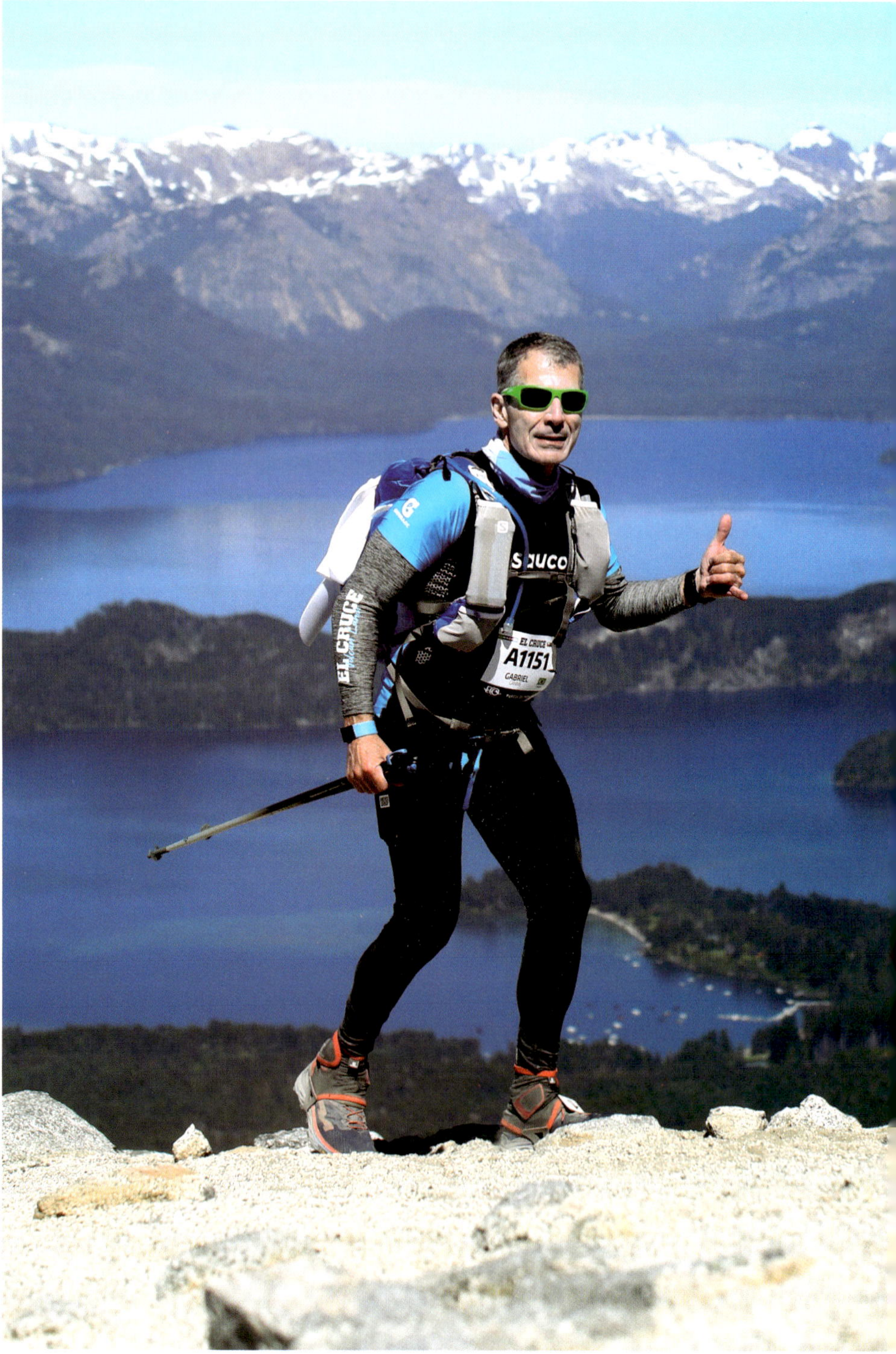
EL CRUCE
A1151
GABRIEL

AO CHEGAR AO TOPO DAQUELA LINDA MONTANHA,
PERCEBI QUE ERA APENAS MAIS UM CUME
DE MUITOS QUE TEREI QUE ESCALAR NESTA
BELA JORNADA, QUE SE CHAMA VIDA.
LEMBRANDO QUE DE NADA VALE CHEGAR AO
DESTINO FINAL SEM CURTIR A BELA CAMINHADA.

Cavando buraco na neve para dormir, no curso de medicina polar.

Chegada do El Cruce 2022. Com Marcelo Camara e meu pai no coração

Atravessando um rio gelado no Cruce.

Aurora Boreal com Luiza, na Noruega.

José Caputo em trilha com Luiggi.

Cris Carvalho, José Caputo e o filhote, Luiggi. Não tem como não virar atleta.

Cris Carvalho e José Caputo, em algumas chegadas do Cruce de los Andes.

Emerson Bisan, feliz na corrida de montanha.

Emerson Bisan arrebentando nas trilhas.

Emerson na incrível prova do Atacama.

Emerson mostrando que o diabético pode competir em altíssimo nível.

Depois de longo isolamento, dois transplantes e uma longa recuperação, Luis está de volta à atividade física. Que exemplo incrível.
Foto por Antonio Carlos Mafalda.

Na falta de bastão, um tronco improvisado, no segundo dia do Cruce 2023.

Aproveitando os momentos de terreno plano para correr.

Terrenos mais variados nos esperam na corrida de montanha.

Congestionamentos são inevitáveis.

Com Dudu e Rene, desfrutando a linda montanha.

A exaustão na chegada compensa, pelos lindos momentos vividos com os amigos, na prova e na vida.

A QUEDA

PARECIA MAIS UMA LIGAÇÃO DE ROTINA, DO BANCO DE SANGUE DO HOSPITAL 9 DE JULHO. A família Ganme havia vendido anos antes o hospital, mas seu pai, Anis, tinha mantido a administração do banco de sangue, junto ao seu sócio, Jorge Ghaname. Anis, mesmo aos 93 anos, fazia questão de seguir trabalhando e ia duas ou três vezes por semana ao hospital. Gabriel o ajudava na função, era também uma forma de mantê-lo ativo. Só que não era um telefonema sem importância. "O seu pai caiu no chão do escritório e não consegue se levantar", avisou a assustada secretária.

Gabriel pediu que passasse o telefone ao pai e ouviu dele o relato de dor. Na hora, começou uma operação de emergência. Não era preciso ser o doutor House para imaginar o que provavelmente teria acontecido. Uma queda natural de alguém com sarcopenia (perda de massa muscular) e osteoporose (porosidade excessiva dos ossos) sugeria fratura da cabeça do fêmur. Em uma pessoa com a idade do pai, era quase uma sentença de morte. Não pela fratura em si, mas pela geração de um problema inflamatório grave que, em pessoas de idade avançada, escala com rapidez para o pior. Anis jogava, ainda por cima, o bingo das comorbidades. Diabetes, problemas renais, uma infinidade de *stents* colocados em artérias coronarianas, a cartela estava quase completa.

Enquanto corria do seu consultório para o hospital, ia acertando os detalhes do atendimento de emergência e contatando o cirurgião e amigo Guilherme Bucalem. E não deu outra. Fratura confirmada, cirurgia para colocar uma prótese na cabeça do fêmur e torcida forte. O prognóstico era dos piores. Anis passou por maus bocados na UTI. Mas escapou. Aos 93 anos e onze meses, tinha sobrevivido, saiu do hospital na cadeira de rodas. Não era propriamente um milagre, mas uma história de vida.

Anis sempre foi apaixonado por esportes. Remo, futsal, tênis, caminhadas, atividade física obrigatória grudada na rotina. Na velhice, investiu em musculação, tinha uma bicicleta ergométrica no escritório e se exercitava diariamente. Na realidade, descobriu cedo que não tinha outra alternativa. Cardiopata, precisou colocar pontes de safena aos 44 anos em um tempo em que cirurgias cardíacas não contavam com histórico e tecnologia.

Tinha a sorte de ter conhecido Adib Jatene, o cardiologista que botou o Brasil no mapa-múndi da medicina.

A cirurgia foi um sucesso, mas a genética era cruel. De quando em quando, placas de gordura entupiam as artérias, e aí só chamando a Roto-Rooter. No caso, angioplastia com a colocação de *stents*, uma espécie de molinha que era instalada no local do estreitamento do fluxo. Anis estava sendo muito bem acompanhado pelo amigo cardiologista Charles Mady, só que não escutava as orientações médicas... As angioplastias só pararam quando Gabriel teve uma conversa mais dura com o pai. Ele resistia ao uso de estatinas, os medicamentos responsáveis por reduzir os níveis de colesterol no sangue. Foi convencido a usar e a partir daí parou de colocar *stents*.

O processo de recuperação da fratura prometia ser longo e penoso. Gabriel, junto aos seus irmãos, assumiu a bronca. Reduziu as atividades profissionais para cuidar do pai. Na época, namorava uma moça e a tinha transformado em *mountain biker*. Apesar de todo o carinho e sintonia, não tinha tempo para isso, se separaram. Sua própria rotina esportiva sofreu um baque. Para quem vivia de provas e desafios no asfalto ou na montanha, não ter nada programado para as semanas seguintes era diferente. Tão diferente quanto o seu pai...

O velho Anis era danado. Não se conformava com a lentidão da recuperação prevista pelos médicos. Saiu da cadeira de rodas e passou para o andador antes da hora. E, semanas depois, já se locomovia de muletas. Tinham um problema logístico em casa. Anis morava em um sobrado, seu quarto ficava no andar de cima. Nem cogitou se mudar para o andar de baixo. A duras penas, Gabriel e seus irmãos instalaram de surpresa um pequeno elevador para que pudesse ir para o quarto. O presente passou longe de ser um sucesso. Anis não achava necessária a geringonça, imaginava dar conta das escadas subindo sozinho. Teimoso, já contrariava as recomendações e andava sem bengala em casa.

A recuperação improvável do pai encorajava Gabriel a retomar a velha rotina esportiva e a encomendar novos desafios. Decidiu se inscrever no Cruce de los Andes, uma prova que se tornou quase obrigatória para corredores de montanha. Há boas razões para isso. *"Cruce"* vem de cruzar a fronteira da Argentina com o Chile na região da cordilheira dos Andes. Mas também não deixa de ser uma referência à cruz que se carrega para vencer os desafios do percurso. A começar pelo fato de não ser um único percurso, a cada ano os organizadores inventam uma nova rota para vencer os aproximadamente noventa quilômetros divididos em três dias de prova.

O Cruce acaba virando uma experiência de vida. Corredores vão para cidades como Bariloche e San Martín de los Andes e de lá partem para a largada. Correm por volta de trinta quilômetros e chegam na beira de um dos inúmeros lagos da região. Ali a corrida se transforma em um camping com aspectos rústicos. Banheiros? Bem, não exatamente. Apenas banheiros químicos com seu desconforto natural. Banho? Sim, é possível. No lago, e nada de usar sabonete ou xampu. A preocupação ecológica é uma das marcas dessa prova, que já ocorre há vinte anos. Para dormir, barracas. Cada um que leve seu saco de dormir e torça para que a temperatura da noite não se aproxime muito de zero grau, mesmo no verão de dezembro. O conceito de verão na cordilheira dos Andes não é o mesmo da planície. Claro que não há restaurantes ou lanchonetes, mas uma refeição de campanha, composta no três dias por macarrão, churrasco e salada.

Os eventuais perrengues na estadia são suplantados pela beleza avassaladora das paisagens e pelo clima de camaradagem dos atletas. Nesse ambiente transnacional em que o espanhol se confunde com o português pela presença maciça de brasileiros inscritos, grandes amizades brotam. Estradas de terra, trilhas fechadas, grama, neve, muitas pedras, a corrida alterna momentos mais desafiadores com trechos suaves. Gabriel só precisaria usar os meses que faltavam para se preparar um pouco melhor.

Conseguiu levar a filha para trilhas no Colorado e depois para uma semana de esqui nas férias de julho. Antes de começar nessas férias o dia de neve, encarava uma hora de esteira. Estava animado, o fôlego andava em dia, respondia bem aos 3 mil metros de altitude do Valle Nevado. O problema foi na volta. Mal conseguia carregar as malas no aeroporto de Santiago. Não parecia ter relação alguma com as próteses no quadril. Mas estava sentindo algo na coluna, choques nos glúteos, formigamento nas pernas. Talvez fosse uma contratura nos glúteos, quem sabe um início de síndrome do piriforme, um músculo que poderia estar pressionando o nervo ciático, daí a sensação dolorosa.

Não sabia mesmo o que era. Procurou Michel Kanas, especialista em coluna e amigo da Unifesp. Diagnóstico preocupante, recomendação assustadora. O canal epidural da coluna estava estreito demais e, pra fechar o pacote, uma hérnia de disco que provocava as dores todas. Ainda tentou um tratamento conservador à base de cortisona por alguns dias. Inútil. Era caso cirúrgico. Gabriel tentou empurrar tudo para depois do Cruce. Não dava. Michel explicou que a evolução do quadro poderia incluir o descontrole da bexiga e impotência. Esperar não era saber...

O jeito foi partir para a cirurgia de descompressão do canal da coluna e de correção da hérnia. Havia o alerta, se tivesse que fixar alguma vértebra por deslizamento, a recuperação seria muito mais lenta e adeus atividade física em 2022. Faltariam apenas três meses e cinco dias para a largada no Cruce a partir do momento da cirurgia, em 25 de agosto. Quase impossível se recuperar a tempo, mas Gabriel se abraçou na palavra "quase", que guardava um fio de esperança. Iria tentar. A cirurgia levou pouco mais de duas horas, um sucesso. Não houve a necessidade de fixar nada. Com cinco dias de recuperação, já ia na padaria perto de casa a pé. Inventou uma rotina, visitava todo dia o amigo e padrinho de casamento e da filha, Fernando Crespi, que estava se recuperando, ironicamente, de uma cirurgia de quadril. Caminhava os dez quarteirões até a casa do amigo, viam juntos os jogos do torneio US Open de tênis, voltava caminhando.

Com dez dias de cirurgia, já tinha 10 quilômetros percorridos a pé segundo o GPS. A travessura teve um custo, a cicatriz da cirurgia abriu e precisou tratar. Mas seguia na pegada. Duas semanas mais tarde, Michel se rendeu, seu paciente impaciente tinha pressa e foi liberado para fortalecimento muscular. O fisioterapeuta Ricardo e a treinadora Cheny evitaram determinados aparelhos por orientação médica, mas aceleraram o processo. Um mês após a cirurgia e Gabriel já estava fazendo a primeira trilha de oito quilômetros, caminhando. Se nada desse errado dali em diante, iria para o Cruce.

A cuidadora só ouviu o barulho. Anis Ganme estava no chão. Apesar de todos os avisos de quem o cercava, insistia em se locomover pela casa sem bengala. Uma nova queda, agora aos 94 anos e onze meses; era uma segunda sentença de morte. Havia escapado da primeira e se recuperado, contrariando todos os prognósticos. Gabriel voou do consultório de Moema e chegou à casa do pai. O Samu chegou logo depois, dando um atendimento exemplar. Foi removido para o hospital e preparado para uma nova cirurgia: a implantação de uma segunda prótese, agora na outra cabeça do fêmur fraturado. Precisavam aguardar dois dias por causa do anticoagulante usado para evitar problemas no coração. O remédio teria que sair pela corrente sanguínea antes da cirurgia.

Dessa vez, o quadro parecia ainda mais dramático do que o da primeira cirurgia, um ano antes. Anis delirava, não estava bem. A cirurgia, em si, foi bem-sucedida. A recuperação, não. A função renal estava prejudicada, a carga medicamentosa era pesada demais para um corpo tão debilitado. Gabriel passava noites no hospital. Tinha mandado um e-mail para o Cruce de los Andes adiando a inscrição na prova para o ano seguinte. A organização foi compreensiva, entendeu a situação.

O quadro foi se agravando e, dez dias após a queda, Anis se foi. Arrasado, Gabriel talvez achasse que estava preparado para a partida de alguém com tantas comorbidades quanto os anos de vida. Não estava. Alguns amigos, preocupados, sugeriram que cancelasse o cancelamento do Cruce e que fosse para a Argentina. Quem conhecia Gabriel, intuía que essa talvez fosse a melhor maneira de lidar com o luto.

9

O CRUCE

ERA UM MAR DE GENTE NAQUELE PRIMEIRO DE DEZEMBRO DE 2022. Mais de mil atletas apinhados com camisetas pretas, bastões de caminhada e grandes expectativas. Na largada, na ensolarada Villa La Angostura, vilarejo vizinho a Bariloche, havia todo tipo de emoção. Felicidade, medo, esperança, cada um na largada com uma história de superação, treinamentos duros, o que fosse. Gabriel tentou se concentrar na prova, não conseguiu. Não estava sozinho. O pai, que havia semeado nele o amor pelo esporte e partido poucos dias antes, estava junto. Pela primeira vez na vida, chorou antes de uma largada.

Controlou a emoção e partiu. Eram vários desafios em um só. A primeira vez que faria uma prova de montanha tão longa, aproximadamente 100 quilômetros em três dias. Não poderia se esquecer que havia feito uma cirurgia de coluna três meses antes. Precisaria controlar ritmo, economizar movimentos e energia. Também teria que lembrar que havia treinado muito menos do que deveria por estar em processo de recuperação da cirurgia. E estava no início de um período de luto, ainda não sabia se a corrida o ajudaria nisso.

A primeira etapa, de 28 quilômetros, se mostrou até camarada diante de todos os seus problemas pessoais. Os primeiros sete quilômetros eram planos, seguidos por uns cinco mais íngremes de subida e uns dezesseis de descida mais suave. Gabriel podia não saber o que ia enfrentar, mas conhecia exatamente as suas fragilidades, as físicas e as emocionais. Por isso dosou esforços, não era momento de heroísmos.

Tinha largado com dois companheiros do Clube Monte Líbano, Dudu Nader e Rene Zahr. Ambos estavam mais bem preparados e fizeram o próprio ritmo chegando à frente. Mas estavam preocupados com o amigo, ficaram na chegada esperando Gabriel. O que não foi nada suave foi a primeira noite. Fez frio nos Andes. O saco de dormir indicado para temperaturas perto de zero grau não deu conta do recado. O jeito foi torcer para o sol deixar de ser preguiçoso e aquecer logo aquele pedacinho do planeta na manhã do dia seguinte.

O segundo dia foi mais longo na distância, 32 quilômetros, e mais generoso na altimetria, apenas 1.200

metros de variação altimétrica. Para quem estava acostumado à montanha, quase um "retão". Só que era o segundo dia seguido de esforço, o corpo podia sentir, sobretudo pela baixa quilometragem de treinos em função da cirurgia anterior. Não foi o que aconteceu. No meio do percurso, encontrou o brasileiro Marcelo Câmara, estavam com ritmo parecido, conversa boa. O tempo passou sem sofrimentos, tudo certo, ou quase. A dificuldade maior foi atravessar um rio com água pela cintura, correr encharcado e com medo de bolhas nos pés. Para piorar, quando chegou ao acampamento, descobriu que sua mala estava perdida em alguma etapa do transporte.

Todos os dias a organização da prova desmonta a estrutura da largada e prepara tudo (barracas, cozinha, banheiros) para o ponto da chegada. As malas identificadas dos atletas são levadas em caminhões e ficam disponíveis quando a etapa está terminando. Quer dizer, deveriam ficar, a de Gabriel estava extraviada. Sem roupas secas, o tormento começou quando o calor do dia deu lugar ao frio andino da noite. Os argentinos pareciam mais interessados em festejar a derrota brasileira para Camarões na Copa do Catar do que encontrar a mala de Gabriel. A solidariedade dos amigos garantiu algumas roupas secas, agasalhos, mas como correr no dia seguinte com o tênis totalmente encharcado e cheio de lama? Com a chegada da noite, a mala apareceu. Deu para dormir bem, o frio havia dado uma trégua e a noite foi tranquila.

Faltavam mais 33 quilômetros da última etapa e aí a história foi bem outra. Quase 2 mil metros de desnível, trilhas difíceis, a resistência de todos sendo testada. Correu com o brasileiro que havia conhecido na véspera, Marcelo Câmara. Riram e sofreram juntos com os perrengues. Percebendo que Marcelo estava mais rápido, Gabriel o incentivou a ir na frente. E ouviu um "de jeito nenhum, vamos juntos até o fim". Havia um pequeno drama em jogo, estavam perto do tempo do corte. Diversos corredores que estavam um pouco atrás foram desviados para uma rota mais curta devido à mudança do clima. Marcelo poderia acelerar para escapar do corte, preferiu incentivar Gabriel. Foram os últimos brasileiros que a escapar do corte, conseguiram. Gabriel se certificava de que solidariedade era mesmo um dos principais valores da corrida de montanha. Chegaram juntos, no limite, com emoção. Marcelo, Gabriel e Anis, todos eles tinham ultrapassado a linha de chegada.

Na volta do Cruce, já tinha uma decisão tomada: faria de novo, porém, em outras condições. Queria estar com a cabeça em ordem, com o luto resolvido, queria estar fisicamente mais bem preparado. Mal desembarcou em São Paulo e já fazia parte do Núcleo Aventura, uma das principais assessorias esportivas com expertise em corrida de montanha. O Núcleo foi criado por Cris Carvalho ainda no milênio anterior. Cris, José Caputo (que anos mais tarde se casaria com ela) e Sérgio Zolino eram atletas fortes na corrida de aventura. Mais do que vencer provas, inspiravam outros atletas que queriam treinar com eles. Assim nasceu o Núcleo (a história deles está na p. 162). Da corrida de aventura, expandiram para os chamados esportes outdoor e, claro, para provas de montanha. Gabriel já tinha ouvido falar da turma, era com eles que queria estar.

Seria uma das primeiras vezes na vida que faria um plano esportivo de longo prazo, sem a pressa de costume. Queria estar mais forte, mais rápido, mais esperto. Era bom de subida, sempre foi, mas precisaria aprender a descer melhor, com poucos riscos e sem forçar demais articulações. Não podia se esquecer que era um corredor de montanha biônico, tinha duas próteses de quadril. Equilibrar as ambições com a sua peculiar forma física era um desafio e um aprendizado ao mesmo tempo. A turma do Núcleo Aventura iria ajudá-lo nisso, enquanto sua personal trainer Cheny Luizetto cuidaria do fortalecimento.

Pretendia correr mais provas antes do Cruce, e aí, para variar, talvez tenha exagerado um tantinho na medida. Era alguém mencionar uma corrida interessante e no dia seguinte Gabriel já estava inscrito. De março a setembro de 2023, participou de nada menos do que oito provas de montanha. Não provinhas, mas "provonas", com muitas horas de duração. Uma verdadeira turnê do perrengue, a começar pela Indomit Pedra do Baú, em São Bento do Sapucaí, na serra da Mantiqueira, em 11 de março de 2023. A distância de 12 quilômetros era a falsa molezinha. Lamaçal e 800 metros de ganho altimétrico ao longo do percurso. Alguns tombos e uma infecção na perna foram o saldo das três horas de corrida. E era só o aperitivo...

Um mês depois estava em Campos do Jordão para prometidos 22 quilômetros que se tornaram 26 quilômetros na KTR. A prova começava com uma subidinha que engatava numa descidona até Pindamonhangaba. Ficou destroçado. Raciocinou que era melhor desistir, só que foi convencido pelos amigos no posto de hidratação que depois viriam as subidas, o que, para ele, significavam algum alívio, por mais paradoxal que isso pareça. Seu estado físico era lastimável, desistir era melhor mesmo. Encontrou mais adiante um retão e percebeu cinco jipes que faziam trilha. Pronto, a salvação. Os veículos pareciam, de longe, meio parados. Estavam era atolados até a carroceria. Ele pediu carona aos jipeiros, que se comprometeram a ajudá-lo assim que conseguissem sair da encrenca. Gabriel seguiu caminhando e imaginando que logo seria resgatado pelos jipes. Iria, pela primeira vez na vida, desistir de uma prova. Ledo engano, o atoleiro venceu a esperança, nada de carona.

Chegou ao próximo ponto de apoio, imaginando que seria fim de linha, já que o tempo máximo de prova estava estourado. A organização, vendo que boa parte dos atletas ainda estava para trás, alargou o tempo de corte e permitiu que a corrida seguisse. Mais quatro quilômetros de sofrimento e a chegada em sete horas e meia numa prova com mais de 1.800 metros de variação de altitude.

A prova seguinte foram os 12 quilômetros da Rocky Mountain Games. Finalmente uma prova tranquila em Atibaia, duas horas só de prazer. O inverso se deu três semanas depois na mesma Atibaia, aí já na bagunçada Pedra Grande Trail. Com sinalização precária e informações incorretas de um fotógrafo da prova, Gabriel nem chegou ao topo. Os tais 12 quilômetros acabaram virando nove quilômetros. Frustração. Só não foi um desperdício total porque correu com um holter sem fio.

O equipamento é o melhor amigo dos cardiologistas. Por 24 horas, fica medindo toda a atividade do coração nos mais diferentes estímulos do dia. Como está a frequência em repouso, caminhando, calmo, estressado, dormindo? Uma beleza. O complicado era o monte de fios instalados e o incômodo de estar com o aparelho preso ao corpo. Gabriel estava com um holter remoto, sem fio, perfeito para esportistas. Saber exatamente como andavam suas arritmias era importante até para tirar ou enfiar o pé nos treinamentos para o Cruce.

Em junho, veio o teste mais desafiador do período, os 33 quilômetros da KTR Serra Fina. Seria uma espécie de hora da verdade, uma simulação de um dia muito duro no Cruce. O percurso na região de Passa Quatro, Minas Gerais, tinha mais de 1.900 metros de ganho altimétrico, dureza. E não bastava correr, era preciso levar uma carga pesada nas costas. Só em itens obrigatórios de segurança o regulamento previa mochila de hidratação, dois litros de água, um casaco específico "tipo Anorak", lanterna, luvas, cobertor de emergência, segunda pele, corta-vento, apito, celular, kit de primeiros socorros. Deu tudo certo, distância percorrida em pouco mais de sete horas.

Estava treinado, confiante, passou a trabalhar mais velocidade. Nas duas provas seguintes, chegou, quem diria, a subir no pódio da categoria. Por mais que saiba que não há tantos concorrentes com mais de sessenta ou cinquenta anos, terminar uma prova e receber a distinção é como receber uma massagem no final de um exercício pesado. A diferença é que o pódio é uma massagem... no ego. Mais ainda quando se lembra das duas próteses de quadril.

Assim foi o segundo lugar na categoria "60-64 anos" nos 12 quilômetros de Paranapiacaba, e o terceiro lugar na categoria "acima de 50 anos" no Desafio das Serras, uma prova de dois dias com etapas de 25 e 17 quilômetros em São Bento do Sapucaí. O detalhe é que, entre uma etapa e outra, no jantar do hotel, Gabriel conheceu o atleta de sua categoria que estava na quarta colocação, meia hora atrás. Pronto. Foi só "marcá-lo" no segundo dia e assim garantir o terceiro lugar e o pódio.

No princípio de setembro, encarou mais uma prova, um tanto estranha. Eram 18 quilômetros com apenas 850 metros de altimetria na WTR Campos do Jordão. E mais um segundo lugar na "categoria velhinhos". Nos difíceis 25 quilômetros da Guará Trail Run, em 17 de setembro, conseguiu vencer o calorão e terminou em seis horas. Acabou em primeiro lugar na categoria "acima de 60 anos", mas aí a organização suspendeu o pódio com um argumento irrefutável: Gabriel era o único da categoria.

Estava quase pronto, mais uma ou duas provas e embarcaria feliz para a Argentina com uma preparação inédita em sua vida de atleta amador. Aí, no 28 de outubro, foi fazer um treino na Pedra Grande de Atibaia com os amigos da assessoria Núcleo Aventura. Era um percurso total de 25 quilômetros com uma subida nem tão técnica por trilha. Já a descida era mais complicada, com pedras. A sequência de muitas provas anteriores serviu para Gabriel melhorar a maneira de correr em declive, sua deficiência de sempre. Melhorou, mas não "virou cabrito" de uma hora para a outra.

Entre as pedras, ele saltou para pisar em um tronco fixo de contenção. Fixo, mas escorregadio. Suas pernas foram para o alto, quicou com as costas e com o ombro no chão. Veio a dor, mas nada de tão intenso. Tinha sobrevivido. Levantou, seguiu descendo de uma forma mais precavida. No carro, na volta para São Paulo, percebeu que a dor piorava. Nenhum dos companheiros de treino tinha analgésico. Após tomar, achou que o bicho não era tão feio. Tinha uma festa, dançou, vida normal.

O dia seguinte mostraria que o bicho era bem feioso, sim. Dor aguda nas costas. Tomografia e a constatação de pequena fratura em uma costela. Faltando um mês para o Cruce, uma maldade, o destino de novo andava de pirraça, mas o destino não ia levar essa tão fácil. Gabriel podia até perder no final, mas nessa batalha iria morrer atirando. Não há muito a fazer em uma fratura de costela, a não ser esperar ela consolidar. E não tossir, nem espirrar, os movimentos de contração nessas situações geravam dores intensas.

No novo plano de emergência, iria ficar uma semana quietinho, só caminhando. Com duas semanas de fratura, queria se testar. Foi ao pico do Jaraguá, o ponto mais alto da cidade de São Paulo, com 1.135

metros, na serra da Cantareira. Subiu caminhando rápido e trotando. Desceu com mais cuidado ainda. Praticamente nada de dor. O projeto Cruce de los Andes 2023 seguia vivo. Na semana seguinte, foi treinar no parque Alfredo Volpi. Localizado na zona sul de São Paulo, é uma espécie de "maquete" de circuitos de montanha. Só tem 1,3 quilômetro de extensão, mas oferece subidas, descidas, terreno úmido, impressão de que se está em algum lugar de serra no Brasil.

Gabriel treinava com suas dúvidas e temores, será que não sentiria a dor da costela fraturada? Até que passou por ele um bólido correndo. E, logo mais, ele de novo, dando volta atrás de volta. Era Marcelo Apovian, o Lelo, um dos personagens do livro *Operação Portuga*. Gabriel acabara de reler, por coincidência, sua história. Lelo havia sido esquiador profissional, representou o Brasil nas Olimpíadas de Inverno de 1998, em Nagano, no Japão. Teve uma queda no esqui na Argentina e uma fratura terrível. Quase amputou a perna, passou por cirurgias durante quatro anos, tentando parar de mancar. Conseguiu. Voltou ao esporte, mais especificamente para a corrida. Cravou maratona em impressionantes 2h34min. Se existia alguém que sabia fazer a dor se dobrar à competitividade, esse cara se chamava Lelo Apovian. Gabriel se lembrou de tudo isso. Era seguir treinando, e sem mimimi.

Dias antes de embarcar para o Cruce 2023, passaram a circular prints entre os inscritos com a previsão do tempo. Era inacreditável, em pleno dezembro do hemisfério sul, prognósticos de temperaturas negativas, chuva e neve na região de Bariloche. A turma não sabia se ria ou chorava. A prova já era naturalmente dura pelas distâncias e pela altimetria, agora tudo parecia se complicar mais com as armadilhas climáticas da montanha. E não foi derrapagem de meteorologista, a frente fria de fato escolheu momento e lugar, dia 2 de dezembro, Cerro Catedral, Bariloche, largada do 21º Cruce de los Andes.

Ao chegar na Argentina, um misto de emoções. Um ano antes estivera ali, sem preparação específica. Pior, estava vindo do funeral do pai, corpo despreparado e alma em pedaços. Agora, não. Tinha treinado forte, com boa orientação, podia se considerar um verdadeiro corredor de montanha. Na retirada dos kits, nas ruas da cidade, no jantar da véspera, não parava de encontrar velhos amigos, novos colegas do *trail run*, fora os 29 companheiros da assessoria Núcleo Aventura que estavam inscritos. Rene Zahr era um desses grandes amigos com que a vida insistia em promover reencontros. Grandalhão, ex-jogador de basquete do Monte Líbano, Rene tinha histórias para contar. Certa vez, Gabriel o meteu na roubada de fazer caça submarina noturna em Búzios. Detalhe, era em apneia e

Rene jamais havia colocado uma máscara antes no rosto. Sobreviveu a essa aventura para "se vingar", convidando Gabriel muitos anos depois a correr seu primeiro Cruce.

Apesar da festa dos encontros, estavam todos tensos, provas grandes em condições perfeitas já geram ansiedade, mas aquela edição do Cruce prometia emoção extra em função do clima. O primeiro dia, porém, se mostrou generoso para quem estava habituado aos esportes de neve. Largada com uma subida forte e neve na parte superior montanha. Não uma neve traiçoeira, mas uma neve de primavera que parecia pipoca, macia, perfeita. Na descida nevada, Gabriel e Rene voaram, quase como se estivessem esquiando. Passaram umas cem pessoas, seguros, rindo. Rene, que tinha cinco Cruces nas costas, mas estava mal preparado, ficou para trás e foi acompanhado por outro amigo de clube, Dudu Nader.

Gabriel ajustou o ritmo e andou forte nas subidas. Economizou quadril em descidas de estrada de terra, onde a maioria aproveitava para acelerar. Nem sofreu com o frio intenso, porque se manteve em movimento nos pontos mais altos e gelados do percurso. Mesmo com 5 graus Celsius e sensação térmica certamente bem abaixo disso, a segunda pele, a camiseta do evento e o agasalho deram conta do recado. Completar o primeiro dia em 5h56min foi surpreendente. Esperava demorar mais. Estava bem, nenhum problema nas costas, sem desgastes exagerados. Só precisava descansar bem, e aí começaram os problemas.

O primeiro foi o banho. E a coragem para entrar em um lago gelado com temperatura próxima de dez graus? Antes de chegar ao acampamento, correram um trecho com água pela cintura. Doído, as pernas ficavam amortecidas. O trailer do que poderia vir na sequência era puro filme de terror. Melhor não. Gastou meio pacote de lenços umedecidos para o banho improvisado. No jantar, o macarrão de sempre e uma deliciosa sopa de lentilhas. Veio então a romaria de corredores conhecidos em busca dos milagres na barraca do Doutor Corrida.

E veio também a reflexão: qual o papel de um médico numa prova dessas? Vários procurando remédios para aliviar as dores e viabilizar aventuras que, algumas vezes, beiram a insanidade. Ao mesmo tempo, são esses sonhos esportivos que fazem cada um dos atletas amadores levantar todo dia disposto a treinar. Não deixava de ser um dilema ético medicar pacientes que nem eram seus. Tentava identificar quem poderia se prejudicar correndo lesionado e mascarado pelo efeito de drogas. Esses não deveriam ser incentivados a seguir, melhor parar. Mas e os outros, os atletas que treinaram e sonharam com a prova e estavam enfrentando alguma dificuldade física? Não mereciam um incentivo, uma orientação?

Dormir a primeira noite foi outro desafio. Com sono leve, Gabriel teve companhia de um vulcão em erupção em alguma barraca nas proximidades. O ronco era impressionante, não houve jeito de repousar. Não descobriu quem era o tenor roncador, calcula que tenha dormido perto de uma hora em toda a noite. O mau humor ainda iria piorar no decorrer do período. Antes da largada do segundo dia, a organização da prova alertou que as condições meteorológicas eram severas em um percurso exigente de 32 quilômetros. Antes de chegar ao topo da montanha, no quilômetro 9, haveria um corte. Quem não chegasse até um determinado horário seria orientado a voltar alguns quilômetros para a estrada de asfalto e aguardar o ônibus que recolheria essa turma. A "galera do corte" correria os 5 quilômetros finais do percurso até chegar ao acampamento.

Gabriel vinha até em um ritmo satisfatório quando encontrou uma atleta lesionada no caminho. Era uma corredora rápida que estava sentindo demais o joelho. O lado médico falou mais alto do que o competidor. Parou e perdeu muito tempo ali até achar na mochila o corticoide e a dipirona que poderiam aliviar aquelas dores. Continuou com ela por mais tempo. Para piorar, enfiou um dos bastões em um buraco. Ele ficou preso, fez uma alavanca e a quebrou. Fazer prova de montanha com apenas um bastão derruba qualquer performance. Com o efeito dos remédios, deu para ela seguir, ainda que em um ritmo mais lento, até chegar ao ponto do corte. A decepção foi imensa, por alguns minutos não poderiam seguir. Teriam que voltar um tanto, pegar o ônibus e só correrem os 5 quilômetros finais. Era para Gabriel uma sensação nova e extremamente desagradável. Parecia que estava sendo reprovado em algum teste da vida, nunca ocorrera nada parecido.

Voltaram à estrada e o que estava ruim poderia, sim, piorar. Nada de aparecer o tal ônibus. Parado no acostamento, o frio era intensificado por ventos cortantes. Apesar de prever o corte e saber que muitos atletas não iriam passar do ponto estabelecido, a organização não tinha os ônibus prontos para recolher o pessoal. Foram 45 minutos de espera, já tinha atleta tentando resolver por si o problema chamando Uber na beira da estrada. A frustração virou raiva, agora Gabriel estava realmente furioso.

Mais um trecho correndo com água pelos joelhos, mais pés congelados, chegada. No dia em que deveria ter corrido 30 quilômetros, percorreu apenas 18 quilômetros. Aos poucos, iria recuperar o humor. Foi para a mesa de massagem e lá encontrou mãos habilidosas. A massagista escutou o aviso de que ele tinha duas próteses de quadril e fez ótimo trabalho. No jantar, se permitiu um bife de chorizo, delicioso.

Mais conversas com amigos, risadas, se deu conta de que havia feito uma escolha no segundo dia de Cruce. Ao parar para ajudar alguém, abriu mão de sua prova. E isso definitivamente não era um problema. No dia seguinte tinha mais, era deitar, descansar e dormir. Quer dizer, tentar dormir...

A noite foi gelada, usou cinco camadas de roupa mais o saco de dormir preparado para zero grau. O tenor roncador estava, de novo, ali por perto, e inspirado. Lá pelas tantas, Gabriel gritou que "iria levantar e dar porrada". Os amigos riram, conseguiu dormir um pouco mais, o dia amanheceu bem menos frio. Ao despertar, interrogou os vizinhos até chegar à tenda do roncador. Quando o meliante dos decibéis saiu da barraca, não houve como não cair no riso. Era um velho amigo de São Paulo, como brigar com um camarada?

O terceiro dia marcou uma guinada do tempo. Esquentou, deu para correr de camiseta e protetor solar. Os perrengues da véspera marcaram também uma mudança de postura. Não estava mais tão preocupado com o seu *pace*, com a sua frequência, com a sua corrida. Olhava mais para o lado, tentando perceber quem estava em volta. Já largou com uma paciente, Deise Zago, que sentia fortes dores tibiais. O trote inicial foi dando lugar à caminhada lenta até que ela precisou parar. Chorava de dor. Gabriel parou, avaliou que era a hora de chamar o socorro médico. Quando estava nesse processo de busca de socorro, apareceu outra corredora e ofereceu um potente analgésico. Deise "ressuscitou", logo depois estava voltando à prova.

Alguns quilômetros mais adiante e alcançaram os amigos Dudu Nader e Rene Zahr. Rene se arrastava, Dudu fazia o que podia para incentivá-lo a seguir. No ano anterior, Rene tinha desistido no meio, dessa vez queria muito completar. Gabriel tinha uma nova missão com Dudu Nader: escoltar o amigo até o fim. Terminar a prova uma ou duas horas depois tinha pouca importância diante da possibilidade de ajudar alguém querido. A temperatura subia, a água estava terminando. Pararam no quilômetro 26 e encheram o tanque com água, Gatorade, melancia. E havia um corte opcional no quilômetro 27, a organização oferecia opção de atalho para quem chegasse muito tarde nesse ponto da prova.

Estavam lentos, eram muitas horas de prova, mas chegaram ao quilômetro 27 decididos. Que atalho que nada, iriam percorrer o trajeto todo, do jeito que fosse. Faltavam uns seis quilômetros para o fim, isso se a prova terminasse mesmo no quilômetro 33 como estava previsto. Para variar, havia mais dois quilômetros de juros para pagar.

Rene não tinha mais de onde tirar energia, mas seguia. Cruzaram juntos a linha de chegada em

9h16min, uma eternidade para aquele percurso. Só que isso não tinha a menor importância. Gabriel ainda encontrou duas meninas, Gabi Tabosa e Sofia Saad, que havia orientado desde São Paulo. Tinha dado dicas da prova, hidratação, alimentação. Agora elas sorriam, extasiadas. Nem precisavam verbalizar, o olhar de felicidade delas fez voltar as lembranças do ano anterior. Arrasado pela morte do pai, esgotado fisicamente, Gabriel não tinha forças para seguir sozinho na prova. Foi resgatado pelo amigo Marcelo Câmara, que abdicou de sua prova para acompanhar quem precisava. Não se esqueceu daquilo, a gratidão era eterna.

Agora tudo se invertia. Junto a Dudu, recolhiam o choro agradecido de Rene. Lembrava-se das corredoras que encontrou pelo caminho, correu com elas, ofereceu palavras, companhia e remédios. Lembrou-se da sua treinadora, Cheny, que passou o Cruce inteiro apoiando conhecidos e desconhecidos. Quando ela teve suas dores e momentos difíceis na prova, recebeu incentivos de volta para completar o percurso. Corrida de montanha era aquilo mesmo, uma soma infinita de solidariedade e afetos. Encontrar a felicidade no olhar feliz dos companheiros valia mais do que qualquer recorde pessoal ou medalha. A montanha, poderosa, seguia ensinando quem estava disposto a aprender com ela.

Com o amigo André Chusyd, que sempre apoiou meus projetos, e com quem pude desfrutar o curso de mergulho de nossas filhas.

APÊNDICE

A ESCOLHA

NO DIA EM QUE MORREU, CRIS CARVALHO QUASE NÃO FOI PERCEBIDA. Eram sete da noite do dia 24 de dezembro de 2015 quando ela partiu. Seu marido, José Caputo, saiu do hospital, voltou para casa, acabou de arrumar a ceia de Natal. Avisou pouquíssimas pessoas. Brindou com a família, botou o filho Luigi, de dez anos, para dormir em seguida. Preparou o terreno para o dia seguinte com a frase "precisamos pedir para que o melhor aconteça com a Cris" (o filho sempre os chamava pelo nome). Depois que o garoto dormiu, Caputo voltou ao hospital para os inevitáveis trâmites legais.

No dia seguinte, os amigos foram todos avisados. Por rede social, começou a circular um avatar dela com a frase *"legends never die"* [lendas nunca morrem]. A turma não estava errada, Cris era mesmo uma lenda pelo que fez em vida e pela forma como escolheu partir. Não lutou contra o câncer, que virou metástase antes que pudesse combatê-lo. Lutou, sim, a favor da vida até os últimos dias. Foi coerente com absolutamente tudo o que havia feito e ensinado. No crematório, não havia como caber mais gente. Muitos choravam, mas vários sorriam se lembrando dos incontáveis feitos.

Era impossível não perceber aquela menina abusada pegando ondas grandes que pareciam propriedades exclusivas dos homens no litoral paulista nos anos 1980/90. Não dava para não prestar atenção na corredora, que, de tão veloz e raçuda, foi representar a Universidade Federal de São Paulo em provas de revezamento no Japão. Cristina Carvalho não parecia satisfeita com nada que não fosse a excelência no que quer que se metesse. E ela se metia com tanta coisa...

A corrida era pouco, decidiu ser triatleta. E atleta de aventura, combinando outras modalidades como mountain bike e remo. A faculdade de educação física na USP era uma obviedade, ela tinha muito a aprender, e mais ainda depois, ensinando. Nos tempos de USP, era a única mulher nos pelotões masculinos de bicicleta. A facilidade para vários esportes a empurrou para o triatlo no princípio dos anos 1990. Passou a fazer pódios e ganhar competições nacionais, chegando a ser a 12ª colocada geral e primeira da categoria no Ironman de Kona, no Havaí.

Ironman, XTerra, Ecomotion, Cruce de los Andes, é entrar na lista de títulos das principais competições de montanha ou de asfalto para encontrar o nome de Cris Carvalho na galeria das vencedoras. Campeã pan-americana de duatlo, algumas vezes sub-3h na maratona, incontáveis feitos. Não era uma atleta convencional no sentido de precisar injetar sofrimento para alcançar as vitórias. Era muito mais suave todo o processo de treinamento para ela porque ela tinha prazer verdadeiro em competir. E, quando não havia uma competição, ela inventava uma. Podia ser num fim de semana relaxado de férias, correndo, pedalando ou nadando, competir era o seu agente motivador. Um treino besta com um amigo e lá vinha ela apostando "quem chega antes". Não era para diminuir o parceiro, era para dar sentido ao esforço.

Com o diploma de educação física na mão, estava claro que precisava compartilhar experiência, conhecimento e, principalmente, a visão do esporte como fonte de felicidade. "Um corpo em movimento amplia todas as nossas fronteiras e a nossa capacidade de realização", costumava dizer.

Primeiro criou o Projeto Mulher, a primeira assessoria esportiva no Brasil voltada ao público feminino. Depois, o Núcleo Aventura, uma assessoria dedicada aos esportes outdoor. Conheceu o arquiteto e triatleta José Caputo pelo esporte. Nos primeiros treze anos, eram apenas companheiros de treino e de equipe nas provas de aventura. Nos vinte anos seguintes, seguiam companheiros de treinos, só que agora também um casal. Uma parceria que resultou em Luigi, que aos dezoito anos é tão ou mais esportista que os pais. Foram sócios nas assessorias e no projeto Acampamento de Aventura, voltado para a introdução de jovens nos esportes.

Em 2012, Cris recebeu a mais dura das notícias por uma mamografia: o nódulo supostamente inofensivo que tinha era um tumor agressivo. Nos dois exames anteriores que realizara, nada havia sido detectado. De uma hora para outra, não é que tivesse um câncer localizado, mas uma doença avançada em metástase que se espalhou pelo sangue, para os ossos, para o cérebro. Procurou especialistas e veio a sinceridade. Ela não acharia mais a cura, o único tratamento possível seria para "controlar" o câncer e prolongar um pouco mais a vida.

Não, aquilo não fazia o menor sentido, se submeter a uma terapia agressiva que roubaria sua qualidade de vida sem propor qualquer possibilidade de cura. Não. Enquanto buscava tratamentos alternativos, espirituais, teria a vida mais normal que pudesse ter. Ninguém tinha nem poderia ter o prognóstico exato, mas entre viver bem um ano ou sofrer por dois anos em quimio e radioterapias, ela cravava "opção A". Conversou com Caputo, o casal não tinha dúvida do que fazer.

Resolveram viver e desfrutar o tempo que fosse, da maneira mais natural possível. Cris seguia dando aulas, treinando... competindo. Em 2012, ainda não sabia do diagnóstico, mas já estava no processo de metástase. Mesmo assim, fez a meia maratona de Buenos Aires em 1h26min, e brincou que estava insatisfeita, afinal já tinha feito, lá com seus vinte e poucos anos, 1h21min na mesma prova.

Era tempo de aproveitar Luigi, brincar, viajar, apresentar todas as possibilidades esportivas para o moleque. Na verdade, o projeto Acampamento de Aventura havia nascido exatamente com esse propósito, criar ambientes infantis onde a criança fosse apresentada ao esporte de diversas maneiras. Nasceu da vontade de juntar filhos de amigos para que aprendessem a gostar de esportes de aventuras. Com Luigi, não poderia ter dado mais certo, como os anos seguintes iriam provar.

Em 2013, foi pentacampeã do Cruce de los Andes ao lado de Cilene Santos. Já havia vencido a prova de cem quilômetros na cordilheira dos Andes em duplas mistas, com os amigos Alexandre Ribeiro e Alexandre Manzan, e nas duplas femininas, com Soledad Omar e Rosália de Camargo. O Cruce é uma pedreira que dura três dias e tem etapas de trinta e poucos quilômetros por dia com diferentes graus de dificuldade.

E assim foi levando a vida, alguns dias mais fáceis, outros nem tanto. Cris radicalizou um dos mantras que sempre trabalhou em sua assessoria: "ouça o próprio corpo". No treinamento, era uma tentativa de mostrar aos alunos que, por mais dados que relógios e GPS passassem, o corpo precisava ser ouvido, e era soberano. Com o corpo em transformação, ela precisava saber quando era dia de treinar, quando era melhor repousar.

O tempo passava e entraram em 2014. O casal decidiu se aventurar em mais um Cruce de los Andes, agora eles seriam uma dupla mista. Competitivo e exigente como a mulher, Caputo não gostava de correr com ela. Eram parecidos demais e se identificavam em quase tudo, mas não na performance de corrida. Caputo era um animal em subidas, Cris não acompanhava o seu ritmo. Em compensação, no plano ela acelerava e ele comia poeira. Naquele fevereiro de 2014, não tinha nada disso. Estavam, mais do que tudo, juntos. Nas montanhas entre Argentina e Chile, queriam aproveitar cada minuto, cada hora. E nem foram tantas horas, apenas 11h50min07. Não sabiam desacelerar, foram a sexta dupla mista a cruzar a linha de chegada.

Mais provas, viagens, jantares, encontros, conversas, risos e choros. Contra todos os prognósticos médicos, Cris entrou 2015 vivendo e sendo exemplo de vida para quem a cercava. Sem queixas, a escolha havia sido essa. Em vez de sofrimento intravenoso, a natureza, o esporte. Precisou fazer uma cirurgia para colocar uma haste nos ossos longos, havia quebrado o úmero, fragilizado pelo câncer. Era o preço para não perder a mobilidade. Apenas por outubro sua condição, de fato, se complicou. As dores vieram pra valer e a morfina foi a maneira de atravessar com conforto os últimos três meses.

A suave partida de Cris não foi surpresa para quem a cercava. Nem por isso foi simples, mesmo para quem compartilhou tudo. "Eu tinha meus momentos de tristeza, o Luigi tinha os dele. O duro é que os dele vinham dobrados para mim", lembra Caputo. Seis meses antes da morte de Cris, Caputo havia perdido a mãe após uma lenta hospitalização provocada por uma cirurgia cardíaca malsucedida. Foi o momento de refletir sobre a vida e sobre a morte. Ainda jovem, Caputo passou por processo semelhante com o pai, que morreu de câncer também no hospital. Ele presumia que as visitas que fazia eram para o pai, ele era o beneficiário daquele momento. Mal chegava ao lado da cama e já pensava em ir embora. A vida estaria supostamente lá fora, não no leito do hospital.

O processo que viveu com o avanço da doença na mulher o ajudou nos últimos dias da mãe. Agora estava tudo cristalino. A cada visita que fazia para a mãe, sabia que ali teria uma boa lembrança a mais para guardar. Ainda se emociona quando pensa no que perdeu com o pai, no que não conseguiu reter daqueles encontros. Mas, se era jovem demais para entender a vida, como poderia entender a morte?

Foram praticamente quatro anos desde que foi disparada a contagem regressiva. Quatro anos bem vividos, três meses mais sofridos. O saldo era positivo, a vida precisaria seguir. Luigi reagia bem à perda, o esporte certamente o ajudou. Adorava o judô, a natação, logo veio a bicicleta, a mountain bike. Cris e Caputo tiveram cuidado para não empurrar goela abaixo alguma modalidade esportiva nem incentivar uma vida insana de treinos. Queriam que ele experimentasse o maior número possível de modalidades, que se divertisse. Depois, mais maduro, se quisesse, que fizesse suas escolhas.

Cris tinha diferentes sociedades no Projeto Mulher e no Núcleo Aventura. O Projeto ficou apenas com a sócia, Adriana Salles, era o que elas tinham combinado. O Núcleo ficou compartilhado com Caputo, que sempre teve a arquitetura como profissão principal. Com o tempo, foi se evidenciando entre Caputo e Adriana uma diferente forma de ver o negócio e por onde fortalecê-lo. Adriana, que veio do mercado financeiro, entendendo que era melhor investir numa maior estrutura administrativa e de vendas. Caputo, preocupado com o corpo técnico do Núcleo, sobretudo sem a presença da treinadora Cris. Chamou para participar desse conselho técnico dois dos maiores atletas do triatlo da história do Brasil, Alexandre Ribeiro e Alexandre Manzan. Não por coincidência, ambos campeões do Cruce fazendo dupla com Cris.

Mesmo assim, seguiam divergindo. O melhor parecia ser romper a sociedade. Em uma tarde de 2017, Caputo se sentou em um café com Adriana. Ela queria comprar a parte da família no Núcleo, Caputo achou que talvez fosse mesmo a hora de cuidar mais da arquitetura. Acertaram um valor, se despediram. Chegou em casa e foi logo interpelado pelo Luigi, que estava acompanhando as conversas todas. "E aí, Zé Caputo, como foi?", perguntou; chamar o pai por nome e sobrenome era uma brincadeira entre eles. O pai deu os detalhes da conversa, o Núcleo Aventura já não era mais deles. "Você não podia fazer isso, meu! Minha mãe deixou isso pra mim, eu queria trabalhar com isso."

Era até difícil nomear um sentimento para a situação. Caputo estava arrependido, decepcionado com a própria insensibilidade, estava arrasado. Não havia captado o desejo do filho e agora se via diante de um problemaço. Tinha dado sua palavra de que o negócio estava fechado, fechado com uma amiga de muitos anos. E tinha o filho chateado na frente. Pensou um pouco e fez o que precisava ser feito. Ligou para

Adriana para se desculpar e desfazer o negócio. O filho queria fazer educação física como a mãe, queria ter a possibilidade de seguir os passos dela. Cris, de repente, estava de volta à sala de casa. O Núcleo e Acampamento ficariam onde sempre tinham estado. Como avisava o avatar que circulou nas redes sociais em 25 de dezembro de 2015, *"legends never die"*. Cris seguia mais viva do que nunca.

O DIABÉTICO DA
PERFORMANCE

ELE CHEGOU TROTANDO, COM O SORRISO DO TAMANHO DE UM DESERTO. Apesar da secura quase proibitiva para qualquer atividade ao ar livre (apenas 14% de umidade relativa do ar), o atleta parecia inteiro. Mochila pesadíssima nas costas, camiseta e boné brancos, bandeira do Brasil nas costas, Emerson Bisan estava realmente bem. Completou a Atacama Crossing 2022 em 42h58min05 e cravou uma honrosa 68ª posição na ultramaratona do deserto mais alto e mais árido do mundo. Os aplausos e os abraços na entrega da medalha não eram protocolares. Os chilenos não estavam reverenciando apenas um atleta amador qualquer em busca de desafios pessoais. A organização, os treinadores, os companheiros de prova, todos conheciam bem a história de Emerson.

Com diabetes tipo 1, Emerson é uma espécie de exterminador de tabus. Professor, treinador e corredor de longa distância, esse catarinense de 48 anos virou uma referência para quem tem diabetes ou precisa orientar quem convive com a doença. Em primeiro lugar, é necessário lembrar que o tipo 1 é a classe de diabetes que exige mais atenção. O pâncreas produz pouca ou nenhuma insulina e é preciso aplicar injeções diárias do hormônio. Algo entre 5% a 10% da população tem o tipo 1, o restante convive com o tipo 2, que, na maioria das vezes, pode ser controlado com planejamento alimentar e atividade física.

A necessidade de controle e injeção de insulina criou o mito de que a turma do tipo 1 só poderia fazer atividade física leve e nada muito além disso. Uma prova mais longa? Melhor não. Maratona? Nem pensar. Ultramaratona, só se fosse maluco. Imagina se o atleta tem uma queda de glicemia no meio da prova e desmaia? O senso comum costumava confinar os diabéticos do tipo 1 em um cercadinho esportivo bem delimitado e um tanto aborrecido. Esporte, sim, mas sem busca por performance, nada de desafiar limites. A expressão "melhor não" se tornou uma âncora na vida dos diabéticos, sobretudo os do tipo 1.

A história esportiva de Emerson se confunde com esse processo de quebra de tabus. Estudante de educação física, Emerson descobriu a doença aos 21 anos.

Nessa época, corria para acompanhar o pai, Daniel, que tentava entrar em forma e perder peso. A corrida pegou os dois de jeito. Daniel se empolgou com os resultados dos treinos e desintegrou vinte quilos. Emerson percebeu que se sentia melhor após a corrida, conseguia até diminuir a dose de insulina. Aquilo também despertou o espírito desafiador dos dois. De repente, pai e filho queriam fazer uma maratona. Estrearam em 1996 na quente Maratona de Ribeirão Pires, na Grande São Paulo. Fecharam em 4h03min, mas era só o aquecimento. Meses depois, os dois chegariam de mãos dadas na Maratona de Blumenau com direito a narração na chegada pelo locutor do evento e a trilha sonora de Senna, "Tema da Vitória", ao fundo. Mereciam. Completaram a prova em 3h32min, uma marca expressiva para quem fazia apenas a segunda maratona.

Nunca mais pararam. Emerson resolveu se desafiar ainda mais e voar nas maratonas. Por três vezes, cravou 2h54min. Rapidamente compreendeu que autoconhecimento e controle eram as chaves do jogo. Quanto mais percebesse os sinais que o corpo dava, mais poderia treinar forte e competir em segurança. Por mais que existam referências e tabelas, o controle do diabetes exige sensibilidade. Os dias não são iguais, a temperatura muda, o esforço é inconstante, são muitas as variáveis. Qual a hora certa de se alimentar, quanto de carboidrato, qual açúcar ingerir, em que momento tirar o pé? Tudo é percepção e experiência.

É verdade que ele surfou na onda tecnológica. No princípio, a medição da glicemia era feita com uma gota de urina pingada em uma tirinha. Depois era a gota de sangue do dedo que fazia os reagentes mudarem de cor após um minuto de espera. A cada novo avanço, lá estava Emerson Bisan aprendendo e se beneficiando da tecnologia. Hoje dá risada quando pensa que consegue correr com um sensor no braço e acompanhando por aplicativo de celular a sua glicemia. Melhor, consegue correr com um smartwatch no pulso recebendo informações de *pace*, frequência... e glicemia, em tempo real.

O que começou como um tema pessoal logo virou missão de vida. No início, era simplesmente a corrida como a conexão com o pai e como a forma de cuidar da própria saúde. Aí vem a primeira maratona, a segunda, a décima. Vem depois a curiosidade para aprender com os especialistas todos os aspectos do diabetes e do esporte. Quando percebeu, já não estava mais sozinho nisso, era exemplo e inspiração para muita gente. Quando se deu conta, tinha muito a falar e vários querendo escutar.

Os primeiros empregos como treinador foram em grandes academias de São Paulo, mas sabia que poderia fazer carreira solo. Criou a própria assessoria esportiva, a Nova Equipe, para focar em qualidade de vida, performance e, claro, diabetes. Os projetos foram aparecendo e ele foi se conectando com outras pessoas. Que tal um diabético tipo 1 correndo cem maratonas? Já não era mais o desafio pelo desafio. Naturalizar e mostrar a importância do esporte na vida do diabético era o objetivo final.

E nem era só o diabetes o foco único. A atividade física traz uma série de outros benefícios, como melhora do humor, da qualidade do sono, diminuição da pressão arterial, controle dos níveis de colesterol, redução de quadros depressivos, prevenção de problemas nas articulações e da descalcificação dos ossos (osteoporose). Isso sem falar da redução do risco de doenças do coração, dos rins e da obstrução dos vasos sanguíneos (infarto do coração e AVC). Enfim, o pacote de benesses da atividade física não era apenas para quem tinha diabetes, mas para todos.

"Por falta de orientação adequada, algumas pessoas que têm diabetes ficam com medo de fazer atividade física por terem hipoglicemia com facilidade ou por desconhecer os verdadeiros benefícios que o exercício pode trazer. Se a dificuldade for a hipoglicemia no momento ou após o exercício, é bem provável que seja preciso ajustar a quantidade de insulina ou de outros medicamentos", diz Érica Ferreira Alves, endocrinologista de Emerson.

Procurar e trabalhar com especialistas era o caminho. Buscar mais informações, quase uma obsessão, ainda mais para quem sonhava tão alto. Enquanto estava em curso o projeto das cem maratonas, correu a Maratona da Muralha da China e praticamente todos os principais eventos mundiais na distância. A maratona já ficava curta para quem sentia que podia ir mais longe. Resolveu partir para as ultras, como o Caminho da Fé (com 110 quilômetros entre Minas Gerais e São Paulo) e a Brazil 135, uma prova casca grossa de 217 quilômetros. Emerson não fez apenas uma Brazil 135, mas *dez*. Ao se colocar em uma corrida com altimetria malvada, pisos inclementes e calor perturbador, Emerson estava passando uma série de recados pelo seu exemplo. Mostrava que o diabético não só podia ter uma vida normal como, se quisesse, poderia ter uma vida "anormal", no sentido de que não é tão corriqueiro percorrer tão longas distâncias sem estar motorizado.

Desafio nada tranquilinho também foi encarar a Volta à Ilha, a principal prova brasileira de revezamento. Além de linda, por passar pela maioria das 42 praias da ilha de Florianópolis, a corrida é uma diversão só. O percurso é todo fragmentado em trechos e grupos de dez corredores vão acompanhando e incentivando o atleta da vez a bordo de vans. Só que há a opção "duplas", e aí a brincadeira fica bem mais "*run*" do que "*fun*". Afinal, 150 quilômetros repartidos por dois atletas é quilômetro pra burro em cada comanda. Emerson fez a Volta à Ilha acompanhado por Hugo Almeida, nutricionista e também diabético tipo 1. Quer recado mais eloquente do que uma prova duríssima feita por dois atletas diabéticos?

Depois de se testar no calor da Brazil 135 e na exigente Volta à Ilha, partiu para os Caminhos de Caravaggio com os mesmos 217 quilômetros, mas agora no frio do sul do país. Na sequência, veio uma corrida de 250 quilômetros na selva amazônica com uma umidade do ar altíssima. Não só completou as provas todas, como terminou sem qualquer intercorrência médica, desmaio, zero problema. Só faltava mesmo uma prova no deserto, com umidade baixíssima. O projeto Crossing Atacama nasce dessa provocação de mostrar que o diabético, desde que não se descuide do controle de glicemia, pode enfrentar as mais diferentes adversidades.

A prova do deserto é uma encrenca dividida em nada suaves prestações. São quatro etapas de 40 quilômetros, uma de 80 e uma última de 10 para totalizar os 250 quilômetros. A aspereza do Crossing mora nos detalhes. É uma prova de "autossuficiência", em que o atleta precisa carregar nas costas uma quantidade enorme de itens obrigatórios. Aqui estamos falando de saco de dormir e de todas as roupas que serão usadas num deserto onde a temperatura passa dos quarenta graus de dia e cai para abaixo de zero à noite. Além disso, é necessário carregar 14 mil calorias em alimentos, dois litros de água, lanterna, remédios, kit bolhas para os pés. No caso de Emerson, não era só isso, ele precisava levar suas insulinas e se preocupar com o armazenamento delas. Em um ambiente de altíssima amplitude de temperatura, só levando as canetas de insulina em estojos térmicos. No total, algo como trinta quilos nas costas para correr 250 quilômetros em seis etapas com altas temperaturas e umidade baixíssima. Não, não era pouco, mas tinha mais.

Ao chegar na barraca do acampamento ao final da tarde do primeiro dia, a sensação era até boa. O calor do dia tinha esquentado o ambiente, mas não a ponto de ficar desagradável. O sol se punha e as primeiras horas de sono eram reconfortantes depois de tanto esforço na jornada. Só que a queda de temperatura é abrupta no deserto mais árido do mundo. Pouco tempo depois, a temperatura já estava negativa e não havia camada adicional de roupa que pudesse dar conta do frio. O saldo de sono profundo das noites era próximo do zero. Mais essa, ainda por cima.

As extremas dificuldades, porém, eram diretamente proporcionais à enorme beleza do lugar. A cada etapa, um ponto turístico do deserto era explorado. No primeiro dia, foram as montanhas nas redondezas de

San Pedro de Atacama. No segundo, os deslumbrantes cânions e o Valle de la Muerte. O terceiro seria o Salar de Atacama, se fosse possível... Já no início da jornada, Emerson sentiu um vento mais forte, a areia levantando mais alto. Daí então só piorou, e muito. A prova estava bem sinalizada, bandeirinhas a cada cinco metros, não havia como se perder. Quer dizer, havia, se as bandeiras não estivessem sendo levadas pelo vento. Chegou a duras penas na tenda do posto de controle onde os atletas se reabasteciam de água. E ali o clima era outro. O estafe da prova recrutou os próprios corredores para segurarem a tenda. Duas camionetes estavam estacionadas ao lado para não deixarem a tempestade de areia levar tudo.

A ventania seguiu inclemente. Quando perceberam, os carros já estavam com as rodas cobertas de areia. A organização parou a prova e a corrida virou um grande mutirão, o homem contra a fúria da natureza. Descobriram que o acampamento onde iriam dormir tinha sido varrido pelo vento. Foram reassentados em um restaurante que foi improvisado como alojamento naquela noite.

A mesma natureza que surpreendia com seus arroubos de fúria podia ser generosa após uma noite de ventos. A tempestade de areia deu uma trégua no último dia de Atacama Crossing. Eram apenas 10 quilômetros na etapa final, mas os 240 quilômetros dos dias anteriores deixavam contas musculares a pagar para a maioria. Emerson, porém, estava inteiro. Havia feito uma prova toda planejada, sem exageros, sem desperdícios. Esteve atento o tempo todo ao nível glicêmico, ouviu o que o corpo dizia, ajustou a suplementação. Sabia que não corria apenas por ele, mas por uma série de outros diabéticos que o acompanhavam e torciam por ele via redes sociais. Mais do que os trinta quilos da mochila, carregava nas costas uma pesada mensagem. Terminar trotando e sorrindo no deserto mais árido do mundo era a prova de que a diabetes não era um fator limitador, mas um convite para buscar novos limites.

O TRANSPLANTADO

ELE LIGOU FELIZ DA VIDA a esteira que ganhou de aniversário da mulher, louco para voltar à ativa após três meses parado por causa do isolamento. Era o auge da pandemia. Deu alguns passos e logo viu que estava estranho. Tentou correr e não conseguiu. No dia seguinte, de novo. Seria algum um efeito devastador da pandemia? Seria um baque na saúde mental? Seria a falta de ar livre? Depois de um mês de tentativas frustradas indoor, partiu para a rua. Não conseguiu sequer acompanhar os passos lentos de duas senhoras que voltavam do supermercado carregando suas sacolinhas de compras. Numa rampa que venceria tranquilamente meses antes, precisou parar, deitar no chão e recuperar a capacidade de seguir. Tirou o celular do bolso e mandou mensagem à mulher: "Ju, tem alguma coisa muito séria acontecendo comigo".

Luis Carlos Gouveia Pereira nasceu em São Paulo e cresceu em Diadema. Pai metalúrgico, mãe dona de casa. À noite, depois do jantar, o pai saía três vezes por semana com os filhos a tiracolo para dar aulas de judô numa pequena academia que alugava em frente à igreja evangélica japonesa que eles também frequentavam. Foi lá que o Luis se apaixonou pela música. Primeiro, gospel; depois, jazz e rock. Tocou bateria, violão e aprendeu a cantar. Eles eram os únicos ocidentais e negros a frequentar aquela comunidade.

Sem dinheiro para o cursinho, aproveitava as apostilas e a boa vontade dos amigos japoneses do judô e da igreja para aprender o que a escola pública não dava conta de ensinar. Luis conseguiu entrar no disputado curso técnico do Instituto Federal de Educação Ciência e Tecnologia de São Paulo (IFSP). De lá foi um pulinho para realizar o sonho do pai: cursar uma faculdade de engenharia. Luis recebeu o diploma de engenheiro de produção da Faculdade de ngenharia Industrial de São Bernardo do Campo (FEI), em 1996. Para chegar lá foram quatro anos de muito estudo e energia extra para driblar o racismo. Eram só ele e outro jovem negro na turma. Durante uma seletiva para montar o time de futebol da FEI, ouviu um eco da arquibancada: "macaco", "picolé de piche". Nunca contou esse episódio do futebol a ninguém: não queria que a dona Diva, a mãe, tão orgulhosa do filho na faculdade, ficasse triste.

Corta para Luis aos 47 anos de idade, em plena pandemia generalizada que aterrorizava o Brasil e o mundo. Aquela mensagem que ele mandou para a Ju (Juliana Koga Pereira, a esposa, mãe dos três filhos) foi o começo de uma maratona para a qual ninguém está ou estará preparado em momento nenhum da vida – nem mesmo um corredor amador dedicado como ele. Era dia 1º de agosto de 2020. Chegando ao pronto-socorro, bateria de exames. Enquanto o resultado não saía, Luis listou alguns sintomas que vinha experimentando, mas para os quais não havia dado muita atenção, como insônia, inchaço e cansaço extremo.

De repente, chega o médico, com o laudo e as imagens em mãos: "Menino, você não sai daqui. Você está com embolia pulmonar".

"Eu? Embolia pulmonar? Por quê? Como isso foi aparecer assim, do nada?" Luis ficou internado para tratar o problema e recebeu alta nove dias depois. Poucas horas mais tarde, já em casa, teve uma convulsão. Correria, ambulância. Avalia tudo de novo. O engenheiro, executivo, corredor, músico, homem saudável, pai de três filhos (dois adolescentes e um temporão de dois anos), vida regrada... Tinha amiloidose, uma doença rara que joga proteínas insolúveis em órgãos e tecidos causando uma atrofia capaz de matar. No caso dele, o problema estava instalado no coração. A família, então, decidiu ir atrás de um cardiologista. Fernando Bacal bateu os olhos nos exames e no caso de Luis, foi categórico: "Você vai precisar de um transplante".

"Transplante?"

"Sim, você precisa de um transplante de medula. Um autotransplante, um procedimento bem complicado. O problema é que não sabemos se o seu coração vai aguentar."

Os exames mostraram que o coração do Luis não iria mesmo aguentar. Era 23 de setembro de 2020. Ele passaria os próximos cinco meses à espera de um coração que poderia chegar a qualquer momento. Ou não chegar a tempo. Cuidar da saúde física, mental e emocional sempre foi prioridade. Três anos depois de sair da FEI, aos 26 anos, entrou numa multinacional do setor elétrico, onde segue até hoje. Luis sempre foi um executivo diferente dos outros: nunca topou ser sedentário. Saía cedo de casa com roupa de correr, levava o terno pendurado no cabide dentro do carro, fazia seus 10 quilômetros religiosamente de segunda a sexta, ia para o trabalho e tomava uma ducha no vestiário da empresa antes de começar o dia. Foi assim o baile até a pandemia mudar o esquema geral da humanidade e o excesso de proteína inviabilizar os batimentos cardíacos do até então homem de ferro.

No hospital, isolado pela espera e pela pandemia que praticamente não permitia visitas, Luis viveu intensamente o luto: ficava o tempo todo deitado na cama, com as cortinas fechadas e com a televisão ligada – sem fazer ideia do que estava sendo exibido. O diagnóstico para ele foi praticamente uma sentença de morte. Chorou, ficou revoltado, incrédulo. Colou fotos dos filhos mais velhos de dezessete e quinze anos na parede do quarto do hospital e reparou que não estava em praticamente nenhuma: ele tinha sido um pai ausente, trabalhava muito e perdeu grande parte do desenvolvimento dos dois.

O baque, a negação e a revolta iniciais deram lugar à ação. Luis estabeleceu regras e metas diárias para fazer o tempo passar mais rápido. Pulava da cama às seis da manhã, abria todas as cortinas e só voltava a se deitar às dez da noite. Encomendou livros e lia ao menos 150 páginas por dia. O mais emblemático foi a biografia de Nelson Mandela, 27 anos preso durante o apartheid, 27 anos de espera para ser livre e comandar a transformação no próprio país. Inspiração sem fim para alguém a quem só restava esperar. Pediu o violão e, apesar de muitas vezes não ter nenhuma vontade de usá-lo, tocava e cantava dez músicas de domingo a domingo. Luis sabatinou os médicos para entender os dados, as estatísticas, as técnicas mais modernas, os prazos, os tempos de recuperação, o estilo de vida possível antes e depois do transplante. Chamou os fisioterapeutas, montou uma planilha para organizar caminhadas cronometradas pelos corredores do hospital e os convenceu de que precisava de uma esteira dentro do quarto para manter um mínimo de condicionamento físico – o que, inclusive, poderia fazer diferença no momento da cirurgia. Quis saber se transplantados que haviam passado por ali tinham agora uma vida saudável e sem limitações. Questionou a equipe sobre como viviam no hospital os pacientes que estavam numa situação parecida com a dele e quis se familiarizar com o cenário dos transplantes e da doação de órgãos no Brasil.

Quando soube do tamanho da lista de espera, ficou pensando onde estava esse tempo todo que jamais ouvira falar sobre esse assunto. "São muitas famílias envolvidas, é uma rede complexa e incansável de pessoas atuando no sistema." Outro susto foi saber que a recusa familiar à doação pode chegar a 50% – muito em função da falta de informação e da ausência absoluta de conversas em torno do tema. Apesar de a morte ser uma das únicas certezas da vida, as pessoas têm uma dificuldade enorme de tratar do assunto com transparência e serenidade. Luis refletiu sobre o conceito de tempo, sobre a incapacidade de controlar tudo. E chegou à conclusão de que precisava conversar com os filhos adolescentes para resgatar a paternidade.

Foi um dos momentos mais emocionantes da longa travessia. Luis olhou para os dois, chorou e pediu perdão. Perdão pela ausência, perdão por achar que paternidade se limitava ao sustento e à organização da família, perdão pela falta de parceria em momentos simples, sublimes, corriqueiros, perdão pela falta de intimidade e de amorosidade. E encerrou a conversa prometendo a eles que, se conseguisse sobreviver, faria completamente diferente. Os três se abraçaram, choraram e estabeleceram uma nova e potente conexão.

Os médicos diziam que a taxa de sucesso de um transplante cardíaco era de 95%. Também falavam que o tempo médio de espera por um coração era de dois a quatro meses. Luis foi logo calculando pelo menor tempo, claro, e ficou com os sessenta dias na cabeça. Acontece que a pandemia que estava em curso fez despencar o número de órgãos doados e a quantidade de transplantes realizados. Hospitais públicos e privados estavam abarrotados de pessoas morrendo em decorrência da covid-19, e essas pessoas não poderiam ser doadoras... A média de tempo para a chegada do coração que garantiria a continuidade da vida do Luis certamente subiria.

Num misto de medo e euforia, resolveu incorporar o papel de garoto-propaganda da causa. O executivo resolveu gravar vídeos compartilhando a sua espera e convidando as pessoas a doarem órgãos, a disseminarem a cultura da doação, a conversarem com as suas famílias enquanto estavam gozando de plena saúde. O primeiro vídeo viralizou: mais de 50 mil visualizações. Luis virou uma espécie de celebridade dentro e fora do hospital. Passou a receber centenas de mensagens em diferentes redes sociais de tudo quanto era canto do país. Eram pessoas que também estavam na espera por um órgão, profissionais da saúde e executivos que se diziam inspirados por toda aquela novidade que ele estava contando.

E a torcida para que o coração do Luis chegasse só crescia. Os cirurgiões ficavam numa atualização quase de futebol, minuto a minuto, acompanhando os movimentos da Central Estadual de Transplantes. O esquema todo funciona assim: existe um Sistema Nacional de Transplantes que regulamenta, controla e monitora todo o processo de doação, captação e distribuição dos órgãos, mas cada estado tem a sua própria estrutura e equipe. Não poderia ser diferente num país com dimensões continentais, ainda mais considerando que alguns órgãos duram no máximo quatro horas depois da extração – caso do coração. Ou seja: toda essa logística, de o órgão ser retirado do corpo da pessoa que morreu e ser colocado no corpo da pessoa que está à espera na lista, precisa acontecer em até quatro horas. A complexa e minuciosa rede de transplante começa com a identificação e confirmação da morte encefálica. Não é quando o coração para que uma pessoa morre: é quando o cérebro para. Especialistas explicam que não é raro haver confusão em relação a isso.

Tem gente que não aceita doar órgãos de um ente querido porque vê no monitor que o coração segue batendo e acha que ainda há esperança, que a pessoa pode voltar, que um milagre pode acontecer. Quando há uma confirmação de morte encefálica, não há mais o que fazer. E é só a partir daí que a equipe de captação de órgãos recebe a autorização para abordar a família e conversar com ela. É nesse momento que os parentes de quem acabou de partir serão convidados a entender o contexto e a autorizar, ou não, a doação de órgãos e tecidos. Enquanto isso, outra parte da equipe está analisando a lista de espera em ordem crescente e checando a compatibilidade dos potenciais receptores. Essa lista é dividida por órgãos e leva em conta muitas variáveis. No caso do transplante de coração, por exemplo, envolve do tipo sanguíneo ao tamanho da caixa torácica. A primeira pessoa da lista é sempre aquela que está em pior estado de saúde, aquela que pode não resistir e morrer a qualquer momento. Acontece que o coração que chega pode não servir para ela, pode não se encaixar nas suas características. Por isso nem sempre o primeiro da lista é quem recebe primeiro o órgão que chega.

No dia 3 de dezembro, o cardiologista Fernando Bacal entrou no quarto para dizer que ele seria o próximo: Luis era o primeiro da lista! Alegria, expectativa, ansiedade. Apesar de toda a garra, ele estava debilitado, com a doença evoluindo e com a necessidade do transplante se fazendo ainda mais urgente. Mas a euforia de todos durou pouco: uma nova onda da covid-19 estava abalando o sistema, deixando praticamente todos os leitos hospitalares ocupados por vítimas da pandemia, com a quantidade de doação de órgãos chegando a cair 70%. Era provável que o coração que o Luis precisava para seguir a vida só chegasse em dois meses.

Não importava mais se o coração chegaria ou não: Luis continuaria lá, acordando todo santo dia, se dedicando, reagindo. Seguiria em movimento. Movimento individual e coletivo, porque ele tratou de combinar com todo mundo, familiares e médicos, que, caso ele morresse, era para doar absolutamente tudo o que estivesse em boas condições. Em meados de janeiro, mergulhado na dor e na resiliência, na fé e na angústia, olhando as veias do corpo arrasadas e praticamente inexistentes, Luis trocou o "pensar" pelo "sentir". Foi aí que veio a inspiração para compor "Dia D", uma canção que retratava o seu estado de espírito e que lhe serviu de consolo, alento e acolhimento.

Se num piscar de olhos tivesse que ouvir
Que justo a sua vida estivesse por um triz
Se tudo que amasse tivesse que perder
Pra recomeçar e lutar por uma chance pra sobreviver
Cabe acreditar que existirá futuro e nós vamos vencer
Cabe então sonhar que em breve no futuro será eu e você
Se de uma hora para outra tivesse que escutar
Que o fim do seu martírio ninguém sabe informar
Como reagiria sem ter o que fazer
Tendo que esperar e lutar contra si mesmo pra não enlouquecer
Tendo que esperar e lutar contra si mesmo até o Dia D
Tendo que esperar e lutar contra si mesmo pra não enlouquecer
Tendo que esperar e lutar contra si mesmo até o Dia D
Mas não, não há o que temer
Pois o sol vai renascer
A noite vai passar
Por que desanimar
Se a luz enfim virá
Trazendo o amanhecer
Mas não, não há o que temer
Pois o sol, acredite, vai nascer
A noite vai passar
A luz enfim virá
E Deus enxugará
As nossas lágrimas

"Dia D" virou hit! A equipe toda do hospital tratou de decorar logo a letra e se botava de pé no quarto do Luis para cantar junto e fazer ecoar palavra por palavra. E dá-lhe vídeo viralizando, energia pulsando, esperança se renovando. Repetia, feito um mantra: "A minha vez vai chegar. A minha vez vai chegar". Chegou! Chegou dia 29 de janeiro de 2021, bem antes do previsto para a realidade pandêmica. Por questões éticas, a legislação brasileira não permite que o receptor conheça a família doadora – e vice-versa. Os especialistas explicam que é assim para evitar relações indesejadas e possibilidades de chantagens financeiras e/ou emocionais. Todos ficam no anonimato. Luis não teve nenhum detalhe, mas soube que o coração que estava chegando era de um jovem de 23 anos, vítima de um acidente. Ao mesmo tempo que uma gratidão infinita inundava seu ser, a tristeza de saber da morte de um rapaz que tinha praticamente a mesma idade do seu filho mais velho congelou sua euforia por um instante.

Com tudo encaminhado, Luis seguia focado. E com sede. Nesse período todo de internação, por recomendação médica, ele só tinha direito a beber um litro de água por dia, e estava sempre morrendo de sede. O atleta se lembrava dos goles infinitos e ininterruptos pós-corrida, pós-judô, pós-futebol, pós-atletismo... e sonhava com o momento em que poderia repetir a dose. Dia 30 de janeiro de 2021, com quatro meses e sete dias de internação, lá foi ele para a sala de cirurgia. Luis estava bem magro, tinha apenas 11% de gordura no corpo e estava com o melhor condicionamento físico possível – graças ao seu passado esportivo e aos incansáveis fisioterapeutas que o estimularam com exercícios e com caminhadas na esteira e pelos corredores do hospital durante toda a espera. O transplante de coração durou cinquenta minutos e surpreendeu até o experiente cirurgião Fabio Gaiotto. Esse tipo de transplante, quando feito sem complicações, costuma levar, em média, de três a cinco horas. Em menos de 48 horas, Luis já tinha passado da Unidade de Terapia Intensiva para a Unidade de Terapia Semi-Intensiva, e foi logo pedindo água: "Água! Quero encher a cara de água e de suco!". O ato de beber água virou praticamente um ritual de prazer na sua vida.

Duas semanas depois, ele voltava para casa. O homem com coração novo estava todo renovado, não era mais o mesmo. Tudo tinha mudado; mudado por fora, mudado por dentro. A rampa mais inclinada havia sido vencida com louvor, mas ainda faltavam alguns passos para chegar ao topo: Luis precisava se preparar para o novo transplante, agora de medula.

Apesar de saber que o jogo ainda não tinha terminado, ele se permitiu curtir minuciosamente a vitória do primeiro tempo. Esse desfrute, inclusive, seria fundamental para os outros 45 minutos. No trabalho, logo voltou a produzir, a participar de reuniões, de decisões, com a diferença de que aboliu da sua rotina reuniões na hora do almoço. Luis passou a ter uma "listinha dos inegociáveis". Com a família passou a ser e a estar mais presente para tudo e para todos. Luis resume as particularidades dos dois transplantes da seguinte forma: "Transplante de coração é cinematográfico, é hollywoodiano, tem ação, tem emoção, tem barulho, tem gente, tem correria. Transplante de medula é silencioso, solitário. Um mísero detalhe pode ferrar tudo e comprometer o resultado". Para realizar um transplante de medula, o paciente precisa estar absolutamente zerado de qualquer tipo de infecção e também zerado de defesa imunológica.

Depois de passar por um período de quimioterapia em casa, conciliando o tratamento preparatório com a vida cotidiana, Luis foi internado e o primeiro procedimento foi a retirada da medula para a separação de células boas e ruins – as boas são congeladas. Depois disso, foi submetido a uma dose única e cavalar de quimioterapia. Essa "bomba química" garante a total ausência de resistência do organismo. Feito isso, os médicos aplicam de volta aquelas células boas que haviam sido retiradas no dia anterior sem que o corpo ache que aquela nova medula, agora saudável, seja um inimigo a ser combatido. E aí está tudo resolvido? Não.

A medula leva um tempo para encontrar o caminho da roça: cerca de dez a quinze dias. E dá-lhe remédio para enjoo e mal-estar generalizado que não davam um minutinho de trégua. Pouco menos de quinze dias depois, os exames do Luis começaram a mostrar que, finalmente, tudo parecia estar voltando ao normal. Funciona assim: as plaquetas sobem rápido, exponencialmente, e esse fenômeno os médicos chamam de "pega da medula". Ou seja, ela "pegou", achou o caminho de casa, está de volta, e agora funcionando do jeito certo.

Finalmente, em fevereiro de 2022, depois de intensos e frequentes monitoramentos, Luis recebeu alta total. Meta, agora, só aquela que ele havia prometido ainda na fase de preparação para o transplante de coração: voltar a correr. Mas a promessa não era correr em qualquer lugar, o próximo desafio seria a corrida de 5 quilômetros dos Jogos Mundiais para Transplantados, evento que seria realizado em abril de 2023 em Perth, na Austrália. A olimpíada dos transplantados, como o evento é conhecido, ocorre de dois em dois anos e reúne não só atletas transplantados mundo afora, mas também seus familiares, amigos, doadores em vida e famílias doadoras. É um encontro potente e emocionante de vidas que só estão ali, sendo vistas e contadas, porque houve uma doação. Em Perth, fechou em 42 minutos. Antes dos transplantes, corria a mesma distância em 25 minutos. Acrescentar a natação e o ciclismo e incrementar os treinos de musculação eram outras providências que já estavam devidamente anotadas na listinha de qualidade de vida para o próximo ano. Ser um triatleta transplantado seria o passo seguinte.

A garantia da qualidade de vida de um transplantado inclui tudo aquilo que é recomendado para qualquer pessoa, com ou sem doença diagnosticada, doença crônica, doença genética: alimentação equilibrada (priorizando o que é natural e evitando o que é artificial), prática regular de atividade física, controle do peso, controle do estresse, cuidado com o sono, bastante parcimônia para beber, tolerância zero com o cigarro, vida social ativa e visita periódica aos médicos. A particularidade na rotina de pessoas transplantadas é o uso diário e contínuo dos imunossupressores, remédios que servem para manter a imunidade baixa. É justamente a imunidade baixa que garante a não rejeição do novo órgão. Outra particularidade dos transplantados é a cicatriz, cada uma num lugar diferente a depender do órgão que foi recebido. No caso do Luis, a cicatriz corta o peito na vertical de forma sutil, e ele fala dela com ternura e gratidão.

"Assim que eu soube que precisaria do transplante, vaidoso que sou, perguntei ao médico se ia ficar grande, muito feia. Depois de meses de espera, conheci uma pessoa recém-transplantada que me mostrou sua cicatriz. Achei tão bonita, era tão lindo ver a pessoa ali, viva, que aquilo me acalmou e nunca mais pensei no assunto." Depois de tanto, depois de tudo, a luta de Luis é para ser uma pessoa cada vez melhor, para ele e para os outros, conhecidos ou desconhecidos. "A família que me doou o coração não perguntou qual era a minha cor, não perguntou qual era a minha ideologia política, não pediu nada e não ganhou nada. Eu nunca tive um gesto, em vida, de um amor tão claro e desinteressado como esse." E reforça: "Cada dia tem que valer a pena".

AS PRÓTESES
OITO QUESTÕES FUNDAMENTAIS SOBRE DOR NO QUADRIL

GUILHERME BUCALEM E MARCELO CAVALHEIRO

1. POR QUE TANTA DOR NO QUADRIL? ISSO É GRAVE, DOUTOR?

Dor constante no quadril pode ser sinal de impacto femoroacetabular. Apesar do nome incomum, é um problema ortopédico mais corriqueiro do que se pode imaginar, algo entre 5% e 10% da população convive com ele. Trata-se de uma alteração do formato ósseo do quadril que compromete o funcionamento dessa articulação. Ou seja, o quadril funciona, mas não perfeitamente. Esse mau funcionamento durante a vida pode provocar lesões nas estruturas do quadril com tendência de piora ao longo do tempo. Há situações em que a soma dessas lesões resultará em artrose grave do quadril. Já a artrose nada mais é que um processo de desgaste da cartilagem articular. Quando termina a cartilagem, o indivíduo sente dor e perda progressiva da movimentação do quadril. Dor no início pequena, não constante, geralmente apenas nos esforços. Mas, por ser um processo progressivo, com o avanço da artrose, há um agravamento do quadro de dor. Isso sem falar da progressiva redução no grau de movimento da articulação.

2. POR QUE A ARTROSE DE QUADRIL É ESPECIALMENTE "CHATA"?

Por ser uma articulação de carga, que suporta nosso peso e é submetida a grandes forças, a articulação do quadril é especialmente exigida. E não é apenas durante as atividades físicas ou esportivas, mas também nas atividades cotidianas. A presença e a gravidade das lesões dependem do volume de atividade. Uma vez que se trata de um problema mecânico, de funcionamento, quanto mais o quadril for utilizado, mais lesões vão ocorrer durante a vida. Dessa forma, as pessoas sedentárias com esse diagnóstico geralmente não terão lesões ou enfrentarão poucas lesões. Por outro lado, esportistas, atletas e pessoas muito ativas vão ter mais lesões.

3. COMO TRATAR A DANADA DA ARTROSE DE QUADRIL?

O tratamento da artrose visa em um primeiro momento ao controle da dor do paciente, mas também mira a recuperação da mobilidade e da função do quadril. Como cada vez mais gente tenta prolongar a vida ativa e esportiva, é importante oferecer alternativas para que essas atividades possam ser feitas sem dores, com o menor número possível de limitações.

4. EXISTE UMA IDADE QUE SEPARE O TRATAMENTO CONSERVADOR DO CIRÚRGICO?

Quando se faz o diagnóstico de impacto femoroacetabular, o paciente terá duas opções para tratamento. A primeira é promover mudanças na sua rotina de vida, evitando diversas atividades físicas, ficando mais sedentário e fazendo tratamentos como fisioterapia. Essa "administração" do problema resulta na eliminação da dor, mas restringe as atividades físicas para o resto da vida. Assim, para decidir o melhor tratamento, é importante considerar o perfil de cada paciente. Vale observar a idade, não apenas a cronológica, mas, em especial, a fisiológica. Também é preciso analisar a profissão, as atividades físicas e esportivas que o paciente realiza e, sobretudo, quais expectativas ele tem do tratamento em relação ao grau de atividade que deseja manter. Tudo sem perder de vista, claro, o controle da dor.

5. UMA BOA ARTROSCOPIA JÁ NÃO RESOLVE O PROBLEMA DO QUADRIL?

O tratamento inicial para artrose de quadril é habitualmente o conservador. Aí, conforme a necessidade de cada caso, entram medicações para dor, acupuntura, condroprotetores, fisioterapias e infiltrações. A outra opção é fazer uma cirurgia para a correção do formato do osso. Essa cirurgia é a artroscopia do quadril. É uma técnica minimamente invasiva, por vídeo, na qual se fazem dois furos (portais) no paciente. Através deles se utilizam uma pequena câmera e instrumentos delicados. É a eliminação da causa do problema. No entanto, o resultado dessa cirurgia é dependente do estado atual da cartilagem do quadril. Se a cartilagem estiver pouco machucada, o resultado é excelente e resolve o problema. Se a cartilagem estiver mais avariada, o benefício é passageiro e aquela pouca cartilagem que ainda resta... vai acabar. Com a evolução da doença e o agravamento da artrose, essas alternativas perdem a eficácia e a única medida restante passa ser a artroplastia de quadril, uma cirurgia para substituição da articulação do quadril por uma prótese.

6. EXISTE UM MOMENTO CERTO PARA SE RECOMENDAR A ARTROPLASTIA DE QUADRIL?

Em geral, a cirurgia é recomendada quando o paciente apresenta quadro de dor e limitações que não são mais controláveis com o tratamento conservador. Cada vez mais a artroplastia de quadril tem sido indicada precocemente. Isso acontece porque as pessoas estenderam a vida ativa e estão menos dispostas a se privarem das atividades físicas. Com a evolução da técnica cirúrgica e da qualidade dos materiais, há uma sobrevida bem maior das próteses, o que permite realizar a artroplastia de quadril mais precocemente e devolver logo a qualidade de vida ao paciente.

7. QUAL A CHANCE DE SUCESSO DE UMA CIRURGIA DE ARTROPLASTIA DE QUADRIL?

A artroplastia de quadril é considerada a cirurgia de maior sucesso na medicina. A pergunta clássica dos esportistas ("vou ter que parar de praticar meu esporte se colocar uma prótese no quadril?") já tem hoje uma resposta bem mais satisfatória, e é "não". Muitos atletas arrastavam o tratamento conservador até a exaustão para adiar uma cirurgia que, antigamente, significava fim de vida esportiva. Mas, com a evolução da técnica cirúrgica, da qualidade das próteses disponíveis e das técnicas de reabilitação, já é possível seguir praticando esportes com qualidade e intensidade... com prótese.

8. E O QUE É ESSA TAL DE *RESURFACING*?

Para a maioria dos pacientes, o tipo de cirurgia mais comum ainda é a artroplastia total do quadril. Os resultados são excelentes e permitem o retorno à atividade esportiva. Para pessoas que praticam esporte de maior demanda física ou com maior risco de quedas, a melhor alternativa é um tipo especial de artroplastia que usa a prótese *resurfacing*, ou seja, uma prótese de recapeamento. Com *resurfacing*, não há o risco de quebra da prótese, e, além de diminuir a possibilidade de luxação (a prótese desencaixar), não há alterações na anatomia do quadril. Outro benefício é preservar a cabeça do fêmur e o colo femoral. Assim, caso o paciente em algum momento da vida necessite fazer uma substituição da prótese, o osso femoral estará preservado para a implantação de uma nova prótese. Embora muitos retornem à prática esportiva com uma prótese total de quadril convencional, trabalhos mostram que os níveis de performance são mais bem mantidos em pacientes com *resurfacing*.

Nem todo paciente se enquadra no perfil da *resurfacing*, é necessário fazer a avaliação caso a caso com o médico.

GUILHERME BUCALEM se formou pela Faculdade de Medicina da Universidade de São Paulo (USP), é membro titular da Sociedade Brasileira de Ortopedia e Traumatologia (SBOT), é médico preceptor do Grupo de Quadril do Hospital Municipal do Tatuapé e membro do corpo clínico do Hospital do Coração (HCor) e do Hospital Sírio-Libanês.

MARCELO GODOI CAVALHEIRO se formou pela Faculdade de Medicina da Universidade de São Paulo (USP), faz parte do corpo clínico do Hospital Israelita Albert Einstein e do Hospital Sírio-Libanês, é membro da International Society for Hip Arthroscopy (ISHA – The Hip Preservation Society).

HISTÓRIA DA HISTÓRIA

NÃO SE TRATA PROPRIAMENTE de uma biografia convencional, muito menos de uma obra de autoajuda. Está longe também de ser uma coletânea de façanhas esportivas. A experiência de escrever esse livro foi, no mínimo, curiosa.

O paulistano Gabriel Ganme tinha tudo para ter uma trajetória previsível e sem sobressaltos. Filho de médico, foi estimulado desde cedo a seguir a carreira imaginada pela família libanesa. Só que resolveu fazer diferente. Até pegou o diploma, mas o guardou rapidinho na gaveta. Tirou o jaleco, calçou nadadeiras, botou a máscara e se atirou ao mar. Primeiro em apneia, depois com cilindros de ar. Aprendeu tudo, logo era professor e, mais adiante, instrutor dos instrutores. Desbravou cavernas e se apaixonou pelos tubarões.

Inaugurou destinos de mergulho e se tornaria referência na atividade.

Quando a história parecia se acomodar, mais uma reviravolta. Gabriel voltou à medicina, mas agora entrando pela escotilha esportiva. Aproveitou a experiência no mar para mergulhar em novos conhecimentos e se tornar médico do esporte. Desde muito cedo, tinha o esporte como protagonista da rotina diária. Judô, tênis, surfe, squash, não importava a modalidade, fundamental era se desafiar. As lesões de esforço máximo ou de repetição iam aparecendo, e ele não se conformava com o modo como eram encaradas. A regra geral é "sentiu algo, melhor aliviar". Segue sentindo, talvez parar seja a solução. Já convivia com uma certa inquietação, por que a medicina se relacionava tão mal com o esporte?

Para escrever o livro, os temas todos não me eram estranhos, pelo contrário. Filho de médico, sempre convivi com doenças e tratamentos sendo conversados nos almoços de domingo. Também sou apaixonado por esportes, já pratiquei muitos. Tênis é um dos meus prediletos, investi muitas horas da vida na frente da TV ou em torneios mundo afora. Jogador medíocre, também experimentei a sensação em quadras rápidas ou de saibro.

Como Gabriel, também me encantei com esportes de neve "depois de velho". Foi fácil escrever sobre esqui, assim como não tive dificuldade para entender e relatar corrida de montanha. Fiz o próprio Cruce de los Andes em 2011, fica tudo muito menos complicado de relatar quando vivemos experiências parecidas. Difícil mesmo, no início, foi escrever sobre mergulho. Um assunto pelo qual me encantava, mas não dominava. Achava, por exemplo, que o pessoal colocava nas costas "tubos de oxigênio". Fiquei chocado quando descobri que os "cilindros de ar" convencionais só tinham 21% de oxigênio e o restante basicamente de nitrogênio.

Convencido por Gabriel, dominei meus medos e fiz um curso de mergulho. Mentiria se dissesse que foi fácil, tenho uma certa claustrofobia que me apavora quando preciso entrar de cabeça numa caverna tecnológica para fazer ressonância magnética. Imagina enfiar uma máscara na cara e passar muitos minutos no fundo do mar sem poder fugir imediatamente? Mas encarei, passei apertos nas primeiras aulas e virei um mergulhador juramentado, agora tenho carteirinha de *"scuba diver* de águas abertas", da entidade SDI.

Mais importante para o livro do que aprender técnicas e terminologias foi perceber por que o fundo do mar exercia tanta fascinação em Gabriel a ponto de mudar sua vida. A impressão, de verdade, é de ganhar uma passagem para outro planeta, outra dimensão. No fundo do mar, a vida pulsa em outra velocidade. Tudo mais lento, os sons são mais longos e indeterminados, não se sabe exatamente de onde estão partindo. A paz reina no fundo e a harmonia com a natureza é real. Mergulhei em Fernando de Noronha com a certeza de que os peixes, moluscos e tartarugas não se sentiam incomodados com nossa presença.

Foram importantes nesses mergulhos os contatos com tubarões. Se em um primeiro momento torcia para não esbarrar em um, aos poucos tudo se inverteu. Finalmente entendi Gabriel e sua obsessão por tubarões. Chegar perto deles é quase uma forma de pedir desculpas pelo que o bicho-homem fez no passado e ainda segue fazendo. Não bastasse a destruição dos ecossistemas, o tubarão foi tachado de assassino, o belzebu dos sete mares. Aproximar-se de um, fotografá-lo ou filmá-lo é uma forma de atestar que eles são tão pacíficos quanto qualquer outro animal. Fazer isso de maneira ética e respeitosa é a garantia de nenhum tipo de incidente.

Compreender melhor a paixão de Gabriel pelo mergulho e pelos tubarões foi fundamental para decifrar esse "pedaço" de sua vida. Confesso que demorei um pouco mais para compreender sua relação com a dor. Desde as primeiras conversas, estranhei como era tolerante a ela. Numa mensagem que me mandou, passei a entender melhor:

> Eu acordo com dor todos os dias. Muitas vezes a boa dor, daquele bom treino ou competição esportiva da véspera. Muitos esportistas têm essa dor. Todos os atletas têm! Quando não ocorre uma lesão real, costumamos ter a dor tardia do exercício. Especialmente após um exercício novo, ou um esporte extenuante, uma competição. Que costuma durar de 24 a 48 horas após o exercício. A boa dor. Mas já tive dor muito pior. Que deu origem a toda esta história, e que me definiu. Dor no quadril, debilitante. Começou doendo no esporte, foi piorando, doía quando ficava sentado, doía para dormir. Era insuportável. Aí veio o diagnóstico, aos 44 anos. Eu tinha uma intensa artrose no quadril direito. Depois de meses lutando contra a dor e testando diversas alternativas terapêuticas, todas inefetivas, ganhei a primeira prótese de quadril. Com a prótese, depois de intensos meses de fisioterapia, deixei as muletas de lado. E a dor.

Era isso. A dorzinha do esporte, a dor que pontua a evolução física, é uma coisa. Essa, acima de tudo, é uma escolha. Quem vai treinar motivado pela melhora de performance aprende rápido a lógica. Quer correr mais rápido, quer aumentar a massa muscular? Bom, vai sofrer um tantinho. Gabriel contrata essa dorzinha sem cláusulas de ressalvas. O que não faz sentido é a dor crônica, debilitante, excruciante. Essa é inegociável. A bronca de Gabriel é que a interrupção da atividade física por si só, muitas vezes, resolve a questão. A solução fácil também é a solução imperfeita. Retirar a dor pela inatividade pode afastar o problema, mas cria vários outros relacionados ao sedentarismo.

A solução médica fácil passa pela troca de atividade física. A corrida está machucando, parta para a natação, que não gera impacto. Não há problema algum se o paciente se diverte na piscina, se a mexida não impacta... na motivação. Só que muita gente acorda feliz para fazer um determinado esporte, não o outro. A medicina precisa entender isso, o esporte não é uma pílula insossa na rotina do indivíduo.

De certa forma, o retorno à medicina pela via esportiva foi uma resposta às próprias inquietações. Como encontrar alternativas seguras e saudáveis para pacientes com dores e que não querem abrir mão do esporte? Nesse sentido, Gabriel tinha lugar de fala. Alucinado pela performance esportiva, deu uma banana para as limitações físicas. Quadril deteriorado? Infiltração, prótese, o que fosse para seguir adiante. Arritmia? Uma investigação minuciosa, antes de mais nada. E depois busca pelas melhores opções, desistir apenas em último caso.

A corrida de montanha entrou para Gabriel quase como uma metáfora da vida. Subidas e descidas, caminhos tortuosos e desconhecidos. Cada prova um percurso diferente e uma sensação distinta. A vida não era algo assim, cheia de altos e baixos? Nas trilhas, ainda encontrou o companheirismo, a gentileza e a solidariedade até de desconhecidos. Respeitar e compreender a montanha, contemplar a beleza da natureza era tudo o que podia querer para esse momento da vida. Compartilhar essas histórias e sensações também era uma forma de agradecimento.

Sergio Xavier

COLABORADORES Abib Cury Neto, Adi Di Nur, Adriana Magalhães, Adriana Regina Myssior, Adriano P Magalhães, Afonso Pinheiro, Aitor Marin, Alessandra Baccaro, Alex Oliveira Marcondes, Alexandre Adm, Alexandre Aparecido Barbosa Sandoval, Alexandre Barbosa, Alexandre Terada, Alexis Bastos, Alice Chen, Aline Rocha, Aline Serpelloni, Ana Gabriela Carvalho, Ana Paula de Carvalho Pereira, Ana Paula Pereira Conde, Andre Chusyd, Andre Marabesi, Andrea Saad, Antonio Carlos Aun Lima, Antonio El Khouri, António Husadel, Ari Bolonhezi, Artur Louback Lopes, Avallon Blindagens Especiais Ltda., Axel Blikstad, Beatriz Caruso Cury, Benno Ejnisman, Bianca Gallo, Braulio Gambarini, Caio Bussab, Carim Feres, Carlos Alberto de Oliveira, Carlos Augusto Figueira Bruno, Carlos Eduardo Moraes, Carlos Salerno Gonçalves, Carlos Schahin, Carmem Silvia Patriani de Carvalho, Celso Nassif Rayes, Centro de Mergulho Dive For Fun Ltda – Epp, Cheny Luizetto, Christianne de Vasconcelos Affonso, Claudio Eduardo Germano Patto, Cláudio Efeiche, Claudio R. Daud, Cristiane Castrechini, Cristina Brito, Daniel Jallageas, Daniela de Cássia Moreira Noronha, Danilo Takahashi, Darwin Sotomayor, Deise Zago, Doraldo Nassar Jr., Edgard de Mello Silva, Edgard Trabulsi Aun, Edinei Freitas Rezende, Editora Labrador, Edson Akabane, Eduardo Nader, Eduardo Nicolau Saad Filho, Eduardo Rimkus Lutfi, Eduardo Teixeira de Macedo, Elaine Darci de Moraes, Eledir Busanello, Eliane Colaço, Eloísa Cury de Moura, Emerson Ferreira Leite, Emerson Lunardelli, Erica Ferreira Alves, Erica Takahashi, Erika Arruda Beux, Ernesto de Almeida Junior, Esmeraldo Alves da Silva, Fabiana Scardoeli, Fabiana Calhes Baccelli, Fabiana Ghaname, Fabiana Oliveira, Fabiane Bergonse, Fabiano Colella, Fabio Khouri, Fabricio Pettena, Família Itioka Bolognani Camila e Eliseu, Felipe Camasmie, Felipe Lazar Junior, Fernando Bueno de Avellar Pires, Fernando Crespi, Fernando Ganme, Fernando Saad Assi, Fernando Spina Arruda, Gabriela Jeraissati Saba, Geraldo Emerson Gomes Affonso, Gilberto Mourad, Gilson Norio Missawa, Gisele Gengo, Guilherme Bucalem, Gustavo Chierichetti, Gustavo Francez, Gustavo Marchi de Souza Mello, Helio Lippe, Hélio Pagnano, Henrique Calogeras, Henrique Chiang, Hermes Luiz Bolinelli Junior, Homero Henrique Lima, Humberto Marino de Oliveira, Igor de Souza, Irene H. V. Licio, Isaias Rodrigues, Jamil Jorge Nussallah,

Jan Neumark, Janaína Carla Nishioka, Janet Sidy Donio, Jera Capital Gestão de Recursos Ltda., João Alberto Amaral Junior, João Consiglio, João Pedro Ganme, João Roberto Sala Domingues, Johan Albino Ribeiro, Jorge Issamu Kawamura, Jose Mario Ventura, José Saad Neto, Juliana Martins de Freitas, Juliana Schlaad, Karen Kornilovicz de Toledo Lara, Ladislau Brett, Lais Rosange Amaral de Lucena, Leo Sarmento, Leonardo Kyrillos, Ligia Maria Olympio, Luciana Braga Thome, Luciano Consentino, Luiz Antônio de Sá Arruda, Luiz Felipe Cunha Massari, Luiz Fernando Bourroul, Luiz Fernando Kass Mwosa, Marcelo Bomfim, Marcelo da Camara Lopes, Marcelo Godoi Cavalheiro, Marcelo Krause, Marcelo Marcondes do Nascimento, Marcelo Moraes Gesteira, Marcelo Moreira Cardoso, Marcelo Simoni Simões, Marcelo Sousa, Marcia Veiga Daud, Marcio Roberto Lisa, Marcos Ajaj Saad, Marcos Eduardo Medici Covello, Marcos Mellão Alves de Lima, Marcos Roberto Bussab, Maria Ângela Amato Vigorito, Maria Anita S. Rocha, Maria Beatriz Monteiro, Maria Cristina Campos, Maria Emilia Ganme, Maria Isabel Tavares, Maria Jose Barbosa, Maria Jose de Souza, Maria Teresa Moranduzzo, Marie Claude Van Der Graaff, Mauricio Pereira dos Reis, Mauricio Travaglia, Mauro Bergstein, Michel Kanas, Michelle Hamuche, Milena S. Marzola, Monica Montefort Wysling, Murilo Caldana, Nai Correa, Naomi Namekata, Nilton César Galhardi, Omar Maksoud Filho, Oswaldo dos Santos Rocha, Patricia Gavaldão, Paulo Sergio Atallah, Paulo Sergio Saad, Pedro Estevam Alves Pinto Serrano, Pedro Paulo Campanatti Ostiz, Raphael Rizzi Alves, Raphaela Corrêa Gonçalves de Oliveira, Raquel Marsola, Raulino Meirelles França Silveira Filho, Regina Célia Ferreira Pinto, Regina Peliciari, Renato Chatara, Renato Klingelfus Pinheiro, Rene Zahr, Ricardo Fonseca Oriente, Ricardo Gaspar, Ricardo Ghirlanda, Ricardo Macedo Daud, Ricardo Pinheiro, Richard Encinas, Rita Aparecida Kfouri, Rita Haiek, Roberto Alvarenga Palmer, Roberto Baroni, Rodrigo Bricks, Rogério Barbosa da Silva, Rogerio Taleb, Samira Lopes Credidio, Sascha Schlaad, Scuba Point, Sérgio Lobo Pinto, Sergio Rhein Schirato, Silvia Coltro, Sonia Ostiz, Tani Oreggia, Tânia Murad Ventrilho, Tatiana Richartz Benke, Thiago "Barney" Medeiros, Thiago Variane, Tito Monteiro da Cruz Lotufo, Valdemar Takayuki Abe, Valdemir Luiz do Nascimento, Veruska Borges, Vinicius Beiruth Brasil, Vinicius Naito, Vitor Levy Castex Aly, Wassila Abbud, Wladimir Togumi.

myplaceoffice

AVALLON BLINDAGENS

Anthony's Key Resort
Roatan • Bay Islands
Honduras

Atlantis Divers

Dive For Fun

Núcleo Aventura

Kailash

NAMONTANHA Podcast

SCUBA POINT
THE DIVING EXPERIENCE

André Valentim

myplaceclinic

FONTE Droid Serif
PAPEL Pólen Natural 80g e Couché fosco 115g
IMPRESSÃO Paym